Les modes alternatifs de règlement des conflits

Connaissance du droit

collection fondée par

Jean-Luc Aubert
agrégé des Facultés de droit

dirigée par

Philippe Jestaz
professeur émérite de l'Université Paris Val-de-Marne (Paris XII)

Les modes alternatifs de règlement des conflits

1re édition
2016

Loïc Cadiet
Professeur à l'École de droit de la Sorbonne – Université Paris I
Président de l'Association internationale de droit processuel
Thomas Clay
Professeur à l'Université Paris Saclay (Versailles – Saint-Quentin)
Doyen honoraire de la Faculté de Droit et de Science Politique

DALLOZ

DALLOZ

31-35, rue Froidevaux, 75685 Paris cedex 14

ISBN 978-2-247-07996-4

« Son intelligence était devenue sereine, ses paroles étaient indulgentes, même pour le moindre de ses serviteurs, et les siens l'aimaient plus qu'ils ne l'avaient jamais aimé. Il était secourable aux pauvres et consolateur des malheureux. La prière de beaucoup d'êtres humains flottait autour de son sommeil, et on ne le nommait plus, comme autrefois, "l'Éclair du Glaive" et "la Source de la Justice", mais "le Champ du Conseil", car non seulement les voisins de la rue sollicitaient son avis, mais encore les étrangers venaient de loin pour qu'il réglât leurs litiges, bien qu'il ne fût plus juge officiel, et ils obéissaient sans hésitation à ce qu'il avait dit. Virata en était tout heureux, car il sentait que conseiller vaut mieux que commander et que concilier vaut mieux que juger ; sa vie était pour lui pure de toute faute, depuis qu'il n'exerçait plus de contrainte sur aucune destinée humaine, tout en exerçant une influence décisive sur la destinée de beaucoup d'hommes. Et il goûtait le midi de sa vie avec une joie et une sérénité sans pareille ».

Stefan ZWEIG, *Virata* (*Le chandelier enterré*, 1937).

Introduction

Dans son principe, la recherche de la solution d'un différend autrement que par une décision de justice n'est pas nouvelle. L'arbitrage comme la transaction sont de très vieilles institutions juridiques qui remontent au droit romain, et même au-delà. Les nouveautés s'observent plutôt dans l'usage qui est aujourd'hui fait de la technique contractuelle : non seulement le recours à celle-ci s'est considérablement accru sur le terrain de la solution du litige, mais les parties recourent même de plus en plus à la convention en amont du litige, comme un instrument d'anticipation du règlement de leur éventuel conflit.

Les parties ne sont pas tenues d'attendre la naissance des litiges pour se préoccuper de leur résolution. La liberté des conventions leur confère le pouvoir d'envisager leur désaccord possible, en prévenir l'apparition ou prévoir les modalités de son règlement pour le cas où il surviendrait. Parmi toutes les clauses dont un contrat est fait, les clauses relatives au règlement des litiges, communément appelées clauses de différend, se signalent par la singularité de leur objet qui est, non pas d'organiser le rapport d'obligation que les parties conviennent de créer entre elles, mais d'envisager la manière de régler le litige qui pourrait naître relativement à ce rapport d'obligation au moment même où il se noue.

Ces clauses contractuelles n'ont cessé de se développer ces dernières décennies dans la pratique, tout spécialement, dans les contrats conclus entre professionnels. Sous réserve qu'il ne soit pas porté atteinte à l'ordre public et qu'elles ne soient pas abusives, ces clauses relatives au litige sont valables, même si ce principe de validité vaut davantage pour les clauses qui tendent à éviter la solution judiciaire du litige, comme la clause d'arbitrage, la clause d'expertise ou la clause de médiation, que pour les clauses ayant pour objet de l'adapter, comme les clauses de prescription, les clauses de compétence, les clauses de droit applicable, les clauses de concours à l'instance ou les clauses de règlement des frais de procès. Technique contractuelle d'anticipation procédurale, anticipation au second degré, rejoignant en cela la fonction sanctionnatrice du droit processuel, *jus supra jura*, droit sur les droits, la clause de différend est la clause pessimiste d'un acte dont toutes les autres clauses marquent au contraire l'optimisme né de la rencontre des volontés. Mais c'est un exercice de sagesse contractuelle tant il est vrai que l'accord sur le désaccord est d'autant plus facile à trouver que le désaccord n'existe pas encore, simple éventualité dont les parties n'espèrent d'ailleurs pas la réalisation.

La clause de différend est singulière par rapport aux autres clauses du contrat, en ce que son objet n'est pas substantiel, mais processuel : c'est une « *convention de procédure autonome et distincte de la convention liant les parties sur le fond du litige* » (Paris, 12e ch., 8 oct. 1998, *RGDP* 1999, p. 126, obs. M.-Cl. Rivier ; *Rev. arb.* 1999. 350, note P. Ancel et O. Gout). Le même *instrumentum* peut contenir plusieurs *negotia*. Convention dans la convention, elle jouit d'une autonomie, on dit aussi indépendance – on parle également de séparabilité –, permettant qu'elle puisse remplir sa fonction de manière optimale, d'où sa survivance à l'inefficacité frappant le contrat qui la contient et sa transmission accessoirement au rapport d'obligation auquel elle est liée. La récente réforme du droit des contrats, du régime général et de la preuve des obligations en a consacré l'existence, d'une certaine manière, en disposant que la résolution du contrat ne touche pas les clauses relatives au règlement des différends (art. 1230 C. civ., réd. Ord. n° 20126-131, 10 févr. 2016), dans le prolongement de l'article 1447 C. pr. civ. qui précise que la clause d'arbitrage n'est pas affectée par l'« inefficacité » de l'acte qui la contient.

La clause de différend est aussi particulière au regard des modes ordinaires de règlement des différends qui, transaction, compromis ou demande en justice, supposent tous un litige d'ores et déjà né. Dans une conception large des modes alternatifs de règlement des conflits, les clauses de différend ne sont pas à exclure. De ces clauses, et à l'exception de celle d'arbitrage, cet ouvrage n'en dira cependant pas davantage, car ce serait en dire trop ou pas assez ; elles appellent une étude en soi (v. L. Cadiet, J. Normand, S. Amrani-Mekki, *Théorie générale du procès*, PUF, 2e éd., 2013, spéc. p. 484-503). Le propos de ce livre portera donc seulement sur le règlement alternatif des conflits déjà nés.

Le développement des modes alternatifs de règlement des conflits tient à l'effet conjugué de deux facteurs.

Le premier relève de ce que l'on nomme la « *crise de la justice* », caractérisée par l'explosion du contentieux judiciaire et l'encombrement des rôles des juridictions qui en est la conséquence. L'expression est commode mais son utilisation doit être mesurée (L. Cadiet, « La déjudiciarisation – Rapport introductif », *in* O. Boscovicz [dir.], *La déjudiciarisation*, mare & martin, 2012, p. 9). Le phénomène n'est d'ailleurs pas propre à la France. Les solutions alternatives apparaissent alors comme autant de circuits de dérivation (en anglais, déjudiciarisation peut se traduire par *diversion*) dont on soupçonne sans peine la séduction qu'elles peuvent exercer sur les justiciables, singulièrement sur les entreprises (C. Slobodansky, « Quand la médiation vient au secours des chefs d'entreprise », *LPA* 2013, n° 246, p. 3), et dont on devine qu'elles répondent également aux attentes de l'État. Cette première raison est clairement pragmatique, voire utilitariste, sinon opportuniste.

Mais, dans l'affirmation du phénomène, il y a un second facteur, plus profond, qui touche à l'évolution des modes de régulation sociale, c'est-à-dire à la structure même de la société française. Qu'on le regrette ou non, l'État n'est plus ce qu'il était et, par conséquent, la loi non plus qui a cessé d'être le centre de l'univers juridique qu'elle était depuis la codification napoléonienne. Ce déclin du légicentrisme est de nature à favoriser la contractualisation des rapports sociaux, en général, et la contractualisation du procès, en particulier. Il offre aux acteurs de la vie économique et sociale de nouveaux espaces de liberté juridique qu'investissent conventions et contrats de toutes sortes. Le jugement a vocation à s'engouffrer dans le champ ainsi ouvert car les accords qui se forment sont des désaccords en puissance : ce pourrait même être une loi sociologique que le recours au juge est proportionnel au recours au contrat. D'ailleurs, la société américaine, qualifiée de société contractuelle, ne passe-t-elle pas aussi pour l'archétype de la société contentieuse ? C'est à coups de contrat et de procès que, là-bas, le droit s'est construit, contre les coups de pistolet, droit d'en bas, négocié au sein de la société civile, plutôt que droit d'en haut, édicté par l'État. Pour qualifier ce passage d'un ordre juridique imposé à un ordre juridique négocié (A. Pirovano [dir.], *Changement social et droit négocié. De la résolution des conflits à la conciliation des intérêts*, Economica, 1988), le phénomène est référé à la contractualisation ou à la société contractuelle.

Face à cette évolution, une première solution consiste à ne rien faire, ce qui entraîne soit des attitudes de non-recours à la justice, la pire des solutions, soit le développement, hors de l'institution judiciaire, de techniques alternatives de règlement des conflits, un moindre mal. Est-ce même un mal ? D'aucuns voient dans la société civile le lieu de la justice naturelle et n'hésitent pas à concevoir que la justice puisse être privatisée ; c'est une philosophie, libérale, voire néo-libérale (B. Lemennicier, « L'économie de la justice : du monopole d'État à la concurrence privée ? », *Justices* n° 1, 1995, p. 135).

Une autre solution, qui repose sur une autre conception, part du principe que l'État manque alors à sa mission qui est d'offrir à chacun le droit d'obtenir justice d'un tiers impartial spécialement institué à cet effet. Le droit au juge, qui est une liberté fondamentale consacrée depuis un demi-siècle par les conventions internationales, notamment la Convention européenne des droits de l'homme (art. 6 § 1), impose le libre accès à la justice et suppose, par conséquent, des dispositifs d'aide légale efficients pour en assurer l'effectivité (voir d'ailleurs art. 47 CDFUE). L'exercice a cependant ses limites car tout système d'aide au financement de l'action en justice favorisant le recours au juge accroît nécessairement la spirale inflationniste des coûts de justice. De vertueux, le cercle devient alors vicieux. Si l'expérience anglaise de l'aide légale est à cet égard édifiante, la France en porte également les stigmates qui conduisent, depuis plus d'une vingtaine d'années, à l'expression d'un discours récurrent valorisant les modes alternatifs de règlement des conflits et à la définition d'une politique qui, pour contrarier l'effet judiciaire du système d'aide légale, ne cesse de proposer d'en étendre le bénéfice aux modes de solution transactionnelle des litiges. Et lorsque l'appétence pour les modes alternatifs ne vient ni des parties, ni des juridictions, ni de la Chancellerie, c'est le ministère des finances qui les promeut au nom de la modernisation des politiques publiques. La logique juridique ou sociale se trouve alors relayée par celle du porte-monnaie, souvent plus efficace politiquement. Paradigmatique, à cet égard, est la loi n° 2025-990 du 6 août 2015 pour la croissance, l'activité et l'égalité des chances économiques, dite « Macron », qui étend considérablement les possibilités de règlement conventionnel des litiges en matière prud'homale. L'ouverture du contentieux est subordonnée à la mise en œuvre de tentatives préalables de résolution amiable. L'amiable précède donc nécessairement le contentieux. On renoue alors avec une certaine philosophie du procès.

La justice y trouve-t-elle son compte ?

Dans son sens courant, pratique pourrait-on dire, la justice évoque l'institution judiciaire, c'est-à-dire l'ensemble des institutions dont les justiciables attendent qu'elles rendent la justice. Ce qu'elles font, plus ou moins bien, plus ou moins rapidement, en prononçant des décisions, des jugements, des ordonnances, des arrêts, en disant le droit et en le disant généralement par application des lois qui en expriment la plus grande part. En ce sens, *formel*, les modes alternatifs de règlement des conflits peuvent être compris dans le système de justice. En tant qu'ils constituent, comme l'adjudication, un mode de résolution des litiges, ils peuvent bien apparaître comme une manière d'administrer la justice, une forme de justice, contractuelle par opposition à la justice juridictionnelle (L. Cadiet, J. Normand, S. Amrani-Mekki, *Théorie générale du procès*, préc., p. 208-246). Ils le sont assurément quand ces procédures alternatives sont mises en œuvre au sein des institutions judiciaires (conciliation judiciaire, médiation judiciaire, médiation pénale, médiation familiale, composition pénale, conciliation et médiation dans un cadre juridictionnel en matière administrative, etc.) ; ils le sont aussi quand ils se déploient en dehors de tout cadre judiciaire (conciliation et médiations conventionnelles, conciliation et médiation administratives dans un cadre non juridictionnel, etc.). Certaines procédures alternatives ne sont d'ailleurs pas réductibles à cette distinction, participant tantôt de l'institution judiciaire, tantôt lui demeurant étrangères (transaction, convention de procédure participative notamment).

Exemplaires, à cet égard, sont le Code des relations entre le public et l'administration (Livre IV : « Le règlement des différends avec l'administration ») et, surtout, le Code de procédure civile qui, après le livre IV relatif à « L'arbitrage », consacre son livre V à « La résolution amiable des différends ». L'institution judiciaire concourt dans bien des hypothèses à l'efficacité des règlements alternatifs, que le juge recouvre souvent de son autorité en homologuant les accords ou en conférant la force exécutoire aux sentences qui lui sont soumises, car il est le garant de l'ordre public et des droits fondamentaux. Les MARC sont ainsi devenus un élément à part entière du système de régulation juridique. Si tous les conflits ne se prêtent pas à une solution extrajudiciaire, à l'inverse, tous les conflits ne se prêtent pas non plus à une solution juridictionnelle : de même que tous les maux ne justifient pas d'aller d'emblée voir le service spécialisé de l'hôpital, tous les conflits ne justifient pas d'emblée d'aller voir une juridiction. A l'idée des filières de soins pourrait bien faire écho l'idée d'une filière des régulations, depuis la médiation sociale la plus simple, médiation de quartier, médiation de proximité, jusqu'au jugement contentieux le plus pur, rendu contradictoirement selon les règles de droit en passant par toutes les figures intermédiaires de la conciliation extrajudiciaire et judiciaire, et même par le contentieux privé qu'est l'arbitrage. Au rebours d'un discours associant les MARC à une entreprise de déjudiciarisation, le parti (le pari ?) du droit français est d'articuler modes judiciaires et modes extrajudiciaires, modes amiables et modes juridictionnels, modes anciens et modes nouveaux de règlement des conflits dans le cadre d'un système global, mais pluriel, de justice : à chaque type de conflit, son mode de solution approprié, les uns n'excluent pas les autres et, pour un même conflit, susceptible d'évoluer dans le sens d'un apaisement ou, au contraire, d'une aggravation, il doit être possible d'aller de l'un à l'autre et *vice versa*, ce que la loi doit assurer de manière flexible. À l'époque où le juge s'ouvre à la pondération des intérêts en couvrant de son office le règlement amiable des différends, la frontière paraît en définitive assez mince entre la solution juridictionnelle et la solution conventionnelle des conflits. Si elles ne sont pas identiques, les garanties qu'offrent ces deux modes de résolution des conflits doivent donc être équivalentes.

Car la justice s'entend aussi en un autre sens, irréductible à la seule application de la loi, au seul respect du droit dit positif, contraire même, parfois, à la stricte raison juridique. La justice n'est pas toujours juste. La justice procède alors, *substantiellement*, de la conscience et des comportements de l'homme. Comme l'écrit le doyen Carbonnier, elle est « *avant tout, un sentiment, qui détermine une pratique, et cette pratique est une vertu, la vertu de l'homme juste* » (J. Carbonnier, *Droit civil*, PUF, 2004, vol. 1er, *Introduction*, n° 51, p. 90). C'est donc dans son rapport au *sentiment* de justice que doit également être interrogée la relation à la justice des modes alternatifs de règlement des conflits. Si les MARC peuvent être considérés comme une *forme* de justice, font-ils *œuvre* de justice ? Ici, le regard doit se déplacer de l'agencement des dispositifs procéduraux conduisant à la solution du litige vers la manière dont le litige est ainsi résolu, ce qui conduit à s'interroger sur la nature de cette justice amiable. Une justice peut-elle être amiable ? Ou, pour le dire autrement, amiable, est-elle encore justice ? Beaucoup en doutent, ne voyant de justice que là où un juge tranche le litige en disant le droit. Justice et amitié seraient incompatibles : dans l'*Éthique à Nicomaque*, Aristote traite de l'*Amitié* au Livre VIII et de la *Justice* au Livre V. Comme l'exprime si bien Paul Ricœur, « *aussi merveilleuse que soit la vertu d'amitié, elle ne saurait remplir les tâches de la justice, ni même engendrer celle-ci en tant que vertu distincte. La vertu de justice s'établit sur un rapport de distance à l'autre aussi originaire que le rapport de proximité à l'autrui offert dans son visage et sa voix. Ce rapport à l'autre est, si l'on ose dire, médiatisé par l'institution. L'autre, selon l'amitié, c'est le toi, l'autre, selon la justice, c'est le chacun, comme il est signifié par l'adage latin :* suum cuique tribuere, *à chacun le sien* » (P. Ricœur, *Le Juste*, Paris, Éditions Esprit, 1995, p. 14-15).

Mais précisément, dès lors qu'un tiers s'interpose dans le processus de solution du conflit, que ce tiers soit juge, arbitre ou médiateur, le rapport à l'autre est médiatisé par l'institution du tiers, il ne relève plus de l'amitié, mais de la justice. Aristote dit-il d'ailleurs autre chose lorsqu'il considère que le juge est « *pour ainsi dire, la justice incarnée* », « *dans la personne du juge, on cherche un tiers impartial et quelques-uns appellent les juges des arbitres ou des médiateurs voulant signifier par-là que, quand on aura trouvé l'homme du juste milieu, on parviendra à obtenir justice* » (Aristote, *Éthique à Nicomaque*, Livre V, chap. IV). L'assimilation ne fait aucun doute dans certains systèmes juridiques. Par exemple, c'est bien de justice, de sentiment de justice, d'accès à la justice dont parlent les Québécois à propos de leur nouvelle conférence de règlement à l'amiable (voir les articles 151.15 à 151.21 CPCQ) ; c'est même sur l'exposé des « *principes de la procédure applicable aux modes privés de prévention et de règlement des différends* » que s'ouvre le nouveau Code de procédure civile québécois (art. 1er à 7). Certes, la résolution amiable n'est pas en tout point identique à l'adjudication, et n'a pas à l'être. Il lui manque un certain nombre de qualités pour être une justice comme la justice des juges : notamment, la publicité de la solution du litige, l'onction du peuple français. Mais ces dimensions font aussi défaut à l'arbitrage. Ce n'est pas à dire que l'arbitrage ne soit pas une justice : l'arbitre est un juge et la sentence une décision qui a autorité de chose jugée dès son prononcé. Ce n'est pas à dire non plus que la résolution amiable, pas plus que l'arbitrage, soit une justice sans principe, une justice dépourvue de garanties. Ces garanties de bonne justice sont même une condition essentielle pour que la résolution amiable puisse apparaître comme une justice véritable.

C'est en ce sens et dans cet environnement que notre ouvrage entend rendre compte des modes alternatifs de règlement des conflits. Le volume réduit qui est la marque, pertinente, de la collection ne permet pas d'entrer dans toutes les subtilités des procédures alternatives auxquelles manque un exposé synthétique. Tentons d'en relever le défi en présentant successivement la notion (Titre 1), la typologie (Titre 2) et l'économie (Titre 3) des modes alternatifs de règlement des conflits.

Lire aussi

– ***Ouvrages :*** L. Cadiet (dir.), Th. Clay et E. Jeuland (coord.), *Médiation et arbitrage. Alternative Dispute Resolution. Justice alternative ou alternative à la justice ? Perspectives comparatives*, LexisNexis, 2005 ; L. Cadiet, J. Normand, S. Amrani Mekki, *Théorie générale du procès*, PUF, 2ᵉ éd., 2013, spéc. p. 208-246 ; P. Cecchi-Dimeglio et B. Brenneur (dir.), *Manuel interdisciplinaire des modes amiables de résolution des conflits / Interdisciplinary Handbook of Dispute Resolution*, Bruxelles, Larcier, 2015 ; P. Chevalier, Y. Desdevises et Ph. Milburn (dir.), *Les modes alternatifs de règlement des litiges : les voies nouvelles vers une autre justice*, avant-propos P. Catala et G. Flécheux, La documentation française, 2003 ; N. Fricero, C. Butruille-Cardew, L. Benraïs, B. Gorchs-Gelzer, G. Payan, *Le guide des modes amiables de résolution des différends (MARD)*, Paris, Dalloz, 2014 ; A. Pirovano (dir.), *Changement social et droit négocié. De la résolution des conflits à la conciliation des intérêts*, Economica, 1988 ; J.-B. Racine (coord.), *Pluralisme des modes alternatifs de résolution des conflits, pluralisme du droit*, L'Hermès, 2002 ; Société de législation comparée, *Les modes alternatifs de règlement des conflits : rencontres internationales de droit comparé*, *RIDC* 1997, spéc. p. 313, rapport de synthèse par G. Cornu ; p. 325, présentation générale par Ch. Jarrosson.

– ***Articles :*** P. Ancel, *V°* « Contractualisation », *in* L. Cadiet (dir.), *Dictionnaire de la justice*, PUF, 2004 ; L. Cadiet, « Le spectre de la société contentieuse », *in Écrits en hommage à Gérard Cornu*, Paris, PUF, 1994, p. 29 ; « Les jeux du contrat et du procès : esquisse », *in Mélanges Gérard Farjat*, Frison-Roche, 1999, p. 23 ; « Les modes alternatifs de règlement des conflits et le droit », *in* P. Chevalier, Y. Desdevises et Ph. Milburn (dir.), *Les modes alternatifs de règlement des litiges*, préc. p. 255 ; « La déjudiciarisation – Rapport introductif », *in* O. Boscovicz (dir.), *La déjudiciarisation*, mare & martin, 2012, p. 9 ; « L'arbitrage et l'évolution contemporaine des modes de règlement des conflits », *in* Y. Strickler et J.-B. Racine (dir.), *L'arbitrage. Questions contemporaines*, L'Harmattan, 2012, p. 29 ; B. Gorchs, « La conciliation comme "enjeu" dans la transformation du système judiciaire », *Dr. et société* 62/2006, p. 223 ; F. Ruellan, « Les modes alternatifs de résolution des conflits : pour une justice plurielle dans le respect du droit », *JCP* 1999. I. 135.

Titre 1
Notion des modes alternatifs de règlement des conflits

Dans une vue simplifiée des choses, il existe deux modes principaux de règlement des conflits : les modes judiciaires et les modes amiables. Ces deux modes coexistent depuis très longtemps. L'heure serait aux modes alternatifs, que les Français appelleraient de leurs vœux, si l'on accepte de suivre les enseignements des enquêtes d'opinion (v. p. ex. *Opinion des Français sur la justice* – 2013, Ministère de la justice, Secrétariat général, Sous-direction de la statistique et des études). En vérité, si la recherche d'une solution amiable plutôt que judiciaire des conflits n'est pas nouvelle, le phénomène s'est amplifié ces dernières années, en même temps qu'il s'est diversifié. D'abord conçus comme une alternative à la solution judiciaire du litige, les modes amiables de règlement des conflits se sont développés y compris devant le juge lui-même comme une alternative à la solution juridictionnelle, de sorte que ce ne sont plus les modes judiciaires et les modes amiables qu'il faut opposer, mais les modes juridictionnels et les modes alternatifs qui peuvent les uns et les autres être judiciaires aussi bien qu'extrajudiciaires. Toutes les combinaisons existent désormais : du mode juridictionnel judiciaire au mode alternatif extrajudiciaire, en passant par le mode juridictionnel extrajudiciaire et par le mode alternatif judiciaire. C'est pourquoi il faut préciser ce qu'il convient d'entendre exactement par modes alternatifs de règlement des conflits. Deux vues successives, sémantique (Chapitre 1) et historique (Chapitre 2), permettent d'en rendre compte.

Chapitre 1
Aperçu sémantique

La question des modes alternatifs de règlement des conflits est encombrée de débats récurrents qui ne favorisent pas une claire intelligence des problèmes posés. Ces débats trouvent leur source dans la loi qui, au rebours du nominalisme prescrit jadis par les rédacteurs du nouveau Code de procédure civile, utilise de manière aléatoire des notions au contenu indéterminé. Ces flottements terminologiques alimentent toute une discussion doctrinale dont on pourrait largement faire l'économie. Essayons d'y mettre un peu d'ordre en rappelant que les MARC sont des modes (section 1), alternatifs (section 2), de règlement (section 3), des conflits (section 4).

Section 1
Modes

Dans la langue française, *mode* est un substantif qui peut être masculin ou féminin. Les modes alternatifs de règlement des conflits sont peut-être *une* mode, ce qu'affirment certains ; ils sont en tout cas *un* mode, c'est-à-dire, selon la définition qu'en donne le *Larousse*, une « *manière particulière sous laquelle se présente quelque chose ; forme particulière d'une action : Mode de vie, de transport* » et, peut-on ajouter, mode de règlement d'un conflit, manière de régler un conflit.

Traditionnellement, s'il connaît le mot *modalité*, comme dans « modalité de l'obligation », le langage juridique n'accueille pas le mot *mode*, sauf quand il désigne les « modes de scrutin ». C'est assez récemment que les dictionnaires juridiques ont fait une place au mot *mode*, à travers l'expression *modes alternatifs de règlement des conflits*, comme dans le *Lexique des termes juridiques*, qui les définit comme l'« *ensemble de procédés visant à résoudre des conflits ou des litiges, sans recourir à un juge, notamment par la voie de la conciliation ou de la médiation conduite par un tiers* » (*V°* « Modes alternatifs de règlement des conflits »), ou à travers l'expression *modes alternatifs aux poursuites*, comme dans le *Glossaire des procédures*, qui les définit comme des « *procédures intermédiaires qui permettent au ministère public de choisir une solution médiane entre poursuivre et ne pas poursuivre ; exemples : composition pénale, classement sous condition, médiation...* » (*V°* « Modes alternatifs aux poursuites »). Ces définitions peuvent être discutées.

On en retiendra cependant que les modes sont des « *procédés* », voire des « *procédures* », des « *procédures sans procès* » ainsi qu'on a pu en qualifier certaines ; ils sont aussi présentés comme des « *processus* », comme dans l'article 1530 C. pr. civ. qui définit la conciliation et la médiation conventionnelles comme « *tout processus structuré, par lequel deux ou plusieurs parties tentent de parvenir à un accord, en dehors de toute procédure judiciaire en vue de la résolution amiable de leurs différends, avec l'aide d'un tiers choisi par elles qui accomplit sa mission avec impartialité, compétence et diligence* ». Tous ces termes les rapportent au vocabulaire processuel, les mettent en regard des procédures juridictionnelles, avec ce que cela suppose d'organisation de moyens en vue d'aboutir à un résultat, là un jugement, ici un accord, de formes à respecter et de délais nécessaires pour avancer depuis l'accord pour trouver une solution alternative jusqu'à l'accord sur la solution alternative. Ces procédures sans procès, quand elles font intervenir un tiers, ce qui n'est pas nécessairement le cas, ne mettent pas en œuvre une justice sans forme. C'est une autre forme de justice, une justice différente, une autre justice. *Alternatifs* vient après *Modes*.

Section 2
Alternatifs

Le mot *Alternatif* est un emprunt maladroit à l'anglo-américain *Alternative Dispute Resolution*. Cet anglicisme est d'ailleurs « critiqué » selon le dictionnaire *Le Grand Robert*. Néanmoins, l'expression est devenue usuelle et on s'y conformera donc. Encore faut-il savoir ce qu'elle recoupe exactement. Dans la langue courante, alternatif comporte plusieurs sens qui se rattachent tous à son étymologie, *alternare*, venant de *alter*, qui signifie *autre* : faire tantôt une chose, tantôt une autre. Se dit notamment d'une chose « *qui se répète ou se reproduit à des intervalles plus ou moins réguliers* », comme le mouvement alternatif des essuie-glaces ou le courant alternatif, ainsi que d'une chose « *qui présente ou propose une alternative, un choix entre deux solutions* », comme un modèle alternatif de croissance économique (*Larousse*). Ces deux sens, en vérité, ne s'opposent pas : dans le premier, l'alternative s'effectue *dans le temps*, elle est *diachronique* ; dans le second, elle s'effectue *dans l'espace*, elle est *synchronique*.

Si l'on en croit le *Vocabulaire juridique* Cornu, c'est plutôt le second sens que retient le langage du droit. Aussi bien dans la notion d'*obligation alternative* que dans la notion de *peine alternative* en passant par la notion de *règle alternative*, alternatif/ive signifie : « *qui comporte une alternative ; qui laisse un choix entre deux ou plusieurs solutions ; qui ouvre une option entre deux ou plusieurs parties* » (*V°* « Alternatif, ive »). Le glissement s'est ensuite opéré de l'épithète vers le substantif, en même temps que du singulier vers le pluriel, comme dans les expressions *Alternatives à l'emprisonnement* et *Alternatives aux poursuites*, les premières étant définies comme « *Toute peine susceptible d'être prononcée librement par le juge à la place de l'emprisonnement, sans jamais pouvoir se cumuler avec lui* » (*Lexique des termes juridiques, V°* « Alternatives à l'emprisonnement ») ou comme une « *Peine ne comportant pas de privation de liberté, susceptible d'être prononcée à la place d'une peine d'emprisonnement* » (*Dictionnaire du vocabulaire juridique, V°* « Alternative à l'emprisonnement »), les secondes comme des « *solutions intermédiaires entre les deux termes de l'option pénale : poursuivre, c'est-à-dire déclencher l'action publique, ou ne pas poursuivre, c'est-à-dire classer sans suites* » (C. Ambroise-Castérot, N. Fricero, L.-C. Henry, P. Jacq, *Glossaire des procédures*, V° « Alternatives aux poursuites »).

On pourrait dire des modes alternatifs de règlement des conflits en matière civile qu'ils sont semblablement une solution intermédiaire entre *agir en justice* et *renoncer à agir*, ce qu'il est difficile, voire impossible d'évaluer, mais qui n'est certainement pas négligeable (sur le phénomène de non-recours à la justice, qui intéresse les sociologues, v. not. J.-Ph. Heurtin et A.-M. Ho Dinh, *Le non-recours à la justice – Les trajectoires des plaintes de consommation*, Rapport pour la Mission de recherche Droit et Justice, 2010. – I. Astier et J.-F. Laé, *Aller ou non aux prud'hommes ? Un accès difficile à la justice du travail*, Rapport pour la Mission de recherche Droit et Justice, 2009). Les MARC sont la recherche d'une solution au litige sans saisir les tribunaux judiciaires, de sorte qu'en voulant les développer, la puissance publique ne veut pas seulement alléger la charge pesant sur les juridictions ; elle souhaite aussi donner une solution à des conflits qui, sinon, resteraient sans solution, ce en quoi les MARC ont à faire avec l'aide juridique et les actions de groupe, ainsi que l'avait anticipé Mauro Cappelletti, dans sa grande enquête internationale sur l'accès à la justice (M. Cappelletti [dir.], *Accès à la justice et État-providence*, Economica, 1984). Définir les MARC comme la recherche de la solution amiable du litige à la place de la saisine des tribunaux recoupe la plupart des MARC, notamment la conciliation et la médiation extrajudiciaires des conflits, mais cette définition ne convient pas à l'arbitrage qui, s'il est un mode extrajudiciaire, n'en demeure pas moins un mode juridictionnel comparable à la saisine du juge étatique, et elle ne rend pas non plus compte de la conciliation et de la médiation judiciaires qui, si elles ne sont pas des modes juridictionnels de règlement des conflits, n'en sont pas moins des modes judiciaires.

Le caractère alternatif est ainsi susceptible de plusieurs sens : les MARC peuvent être des modes alternatifs aux solutions judiciaires, aussi bien que des modes alternatifs aux solutions juridictionnelles, voire juridiques : ainsi lorsque le juge étatique ou l'arbitre statue selon l'équité, en amiable compositeur. C'est donc, de façon générale, une autre manière de régler les conflits. En ce sens, l'amiable composition judiciaire est un mode alternatif au jugement en droit, l'arbitrage est un mode alternatif aux procédures judiciaires, la médiation conventionnelle est un mode alternatif aux procédures juridictionnelles, la procédure participative est un mode alternatif à la médiation conventionnelle (ex. S. Rivière-Mariette et C. Mollard-Courtau, « Le droit collaboratif : une alternative efficace à l'intervention d'un tiers impartial dans le règlement amiable d'un litige ? », *Gaz. Pal.* 7-9 juill. 2013, p. 15), etc. Plus le système de justice offre de manières de régler le conflit, plus les options sont ouvertes et, partant, les solutions alternatives, l'une pouvant chasser l'autre en raison de ses défauts supposés, selon ce que Bruno Oppetit avait jadis analysé comme une « *loi de substitution si souvent vérifiée dans la vie des institutions juridiques* ».

Mais, dans ce cas, le mot *règlement* est-il bien approprié ?

Section 3
Règlement

Le mot règlement est polysémique, dans la langue courante comme dans le langage juridique. On règle un ballet comme on règle une facture ; on règle des dettes comme on règle un conflit. Le règlement intérieur d'une entreprise a un sens différent du règlement amiable d'une procédure collective.

Le *Vocabulaire juridique* Cornu donne cinq sens au mot *règlement*. Mais ces sens peuvent être ramenés à deux : d'une part, « *espèce de règle ; disposition de portée générale* » (*V*° « Règlement », spéc. 1), d'autre part, « *action de résoudre* » en même temps que « *solution* » d'une affaire, d'un problème, d'un conflit (*V*° « Règlement », spéc. 2 à 5). Au premier sens, se rattachent le règlement européen, l'acte réglementaire, le règlement intérieur, le règlement de copropriété, le règlement d'une juridiction, le règlement d'arbitrage (art. 1509

C. pr. civ.) ; au second, le règlement du litige, le règlement pacifique des conflits, le règlement amiable, dans ses différentes acceptions, le règlement judiciaire, le règlement d'avarie, le règlement des effets du divorce, le règlement des intérêts pécuniaires des époux, le règlement de la succession, etc.

Le mot est donc d'usage courant en droit, même si les codes emploient très peu, à proprement parler, les expressions *régler un litige* ou *règlement du litige*, le Code de procédure civile (art. 764, al. 6), pas plus que le Code de justice administrative (art. L. 122-1, al. 2). Il est vrai que le terme peut très vite prendre une connotation péjorative : *régler* renvoie à *règle* et la *règle* renvoie à la *rectitude*, à la *discipline*, à l'*autorité*, voire à une certaine brutalité, si ce n'est violence, ce que signifie exemplairement l'article 12, al. 1er, C. pr. civ. : « *Le juge tranche le litige conformément aux règles de droit qui lui sont applicables* », la règle de droit impose au juge de trancher, le jugement tombant comme le couperet d'une guillotine. Mais la même expression peut aussi parfois, paradoxalement, être comprise comme ayant au contraire un sens moins rigide, comme dans l'article 1511 du même Code : « *Le tribunal arbitral tranche le litige conformément aux règles de droit que les parties ont choisies ou, à défaut, conformément à celles qu'il estime appropriées* ». Les « règles », cette fois-ci, s'opposent à la loi, et peuvent être constituées de formes plus souples, comme par exemple les principes UNIDROIT ou la *lex mercatoria*.

Du coup, l'expression *règlement juridictionnel* serait plus acceptable que l'expression *règlement amiable* car l'*amiable* postule de l'altérité, donc des concessions, de la souplesse, de la flexibilité. Fondamentalement, les termes *solution* ou *résolution*, voire *traitement*, conviendraient mieux aux MARC que règlement. Il s'agirait moins de trancher brutalement le litige comme *Alexandre* tranchant le nœud gordien, que de dissoudre le conflit après l'avoir patiemment dénoué. Il y aurait de la *thérapie* dans les MARC. Comme l'écrit Antoine Jeammaud, « *si le procédé juridictionnel – procédé d'adjudication – permet seulement de trancher des litiges, le souci de favoriser une véritable résolution de certains conflits a pu inspirer l'intervention de modes non juridictionnels de traitement* » ce dernier terme étant préféré à celui de règlement en raison de sa « *connotation thérapeutique et la modestie d'ambition qu'il dénote* ». Dans un cas, le jugement, parce qu'il tranche le litige par référence à la seule dimension juridique du différend, peut laisser les blessures béantes, le conflit ouvert ayant satisfait les attentes de l'une des parties seulement, quand il n'aura pas mécontenté les deux, alors que le mode amiable tend à susciter entre les parties une solution complète qui les satisfasse toutes en renouant le dialogue entre elles : sa vocation est de rechercher une « composition » (on dit également une pondération) de leurs intérêts dans l'ensemble de ses dimensions, juridiques ou non, de telle façon que chaque partie en sorte gagnante (on parle de « gagnant-gagnant », *win-win deal*).

Parler des modes amiables de *résolution* des conflits vaudrait peut-être mieux que de parler des modes alternatifs de *règlement* des conflits, l'acronyme MARC embrassant d'ailleurs les deux formules. Les deux expressions ont cours (*cf.* p. ex. Ord. n° 2015-1033, 20 août 2015 relative au règlement extrajudiciaire des litiges de consommation ; Inspection générale des services judiciaires, *Rapport sur le développement des modes amiables de règlement des différends*, Ministère de la justice, avril 2015, n° 22-15 ; Projet de loi portant application des mesures relatives à la justice du 21e siècle, n° 3204, Assemblée nationale, 6 novembre 2015, dont le titre II est intitulé : « Favoriser les modes alternatifs de règlement des litiges », avec l'expression « Des modes alternatifs de résolution des litiges » retenue par le projet de décret portant application des mesures relatives à la justice du 21e siècle). À moins que l'on préfère le *D* au *C*, comme y invite l'intitulé du titre du livre V du Code de procédure civile (« *La résolution amiable des* différends »), à la suite du décret n° 2012-66 du 20 janvier 2012. Toutefois, par souci d'intelligibilité et de fidélité à l'expression la plus largement répandue, ce livre choisit le mot « règlement ».

Le débat soulevé à propos du mot *règlement* rebondit ainsi à propos du mot *conflit*.

Section 4
Conflits

Conflit ? Litige ? Différend ? Contestation, voire dispute, mot devenu désuet en France dans le langage du droit mais utilisé en *common law* (*Dispute Resolution*) ? Ces différents termes sont généralement employés l'un pour l'autre ; la terminologie ne varie pas seulement d'un auteur à l'autre, mais aussi d'un texte à l'autre, parfois même à l'intérieur de la même disposition comme le montre à l'envi l'article L. 132-1 C. pr. civ. : « *Le juge saisi d'un* litige *peut, après avoir recueilli l'accord des parties, désigner une tierce personne afin d'entendre les parties et de confronter leurs points de vue pour leur permettre de trouver une solution au* conflit *qui les oppose* » ; de même, la loi n° 98-1163 du 18 décembre 1998, relative à l'accès au droit et à la résolution amiable des *conflits*, qui a institué les maisons de justice et du droit et qui, à cet effet, avait introduit, dans le Code de l'organisation judiciaire, un article L. 7-12-1-1 (devenu l'article R. 131-1) visant « *les actions tendant à la résolution amiable des* litiges ». Est-il donc si indifférent d'utiliser un mot ou l'autre ?

La réponse à cette question n'est pas un simple exercice théorique ; elle présente des intérêts au regard du choix du mode de solution des différends. L'opinion est ainsi exprimée que les modes de résolution alternatifs, conçus comme amiables, concerneraient les *conflits*, tandis que les modes de règlement juridictionnel, par application du droit, ne vaudraient que pour les seuls *litiges* : « Le litige est au procès ce que le conflit est à la médiation », a-t-on écrit (B. Gorchs, « La médiation dans le procès civil : sens et contresens – Essai de mise en perspective du conflit et du litige », cité *infra*. Rappr. H. Gebhardt, « Le juge tranche, le médiateur dénoue », *Gaz. Pal.*, 14-16 avr. 2013, 9). L'article 132-1 C. pr. civ. comme la loi du 18 décembre 1998 condamnent cette différenciation. Une autre thèse met en œuvre un critère différent de distinction, réservant le litige aux situations individuelles et le conflit aux situations collectives : cette opinion pourrait se prévaloir des dispositions du Code du travail, qui distingue « *la résolution des litiges* » individuels (livre IV de la première partie) et « *le règlement des conflits collectifs* » (livre V de la deuxième partie). Mais il n'en a pas toujours été ainsi. Avant la recodification, réalisée en 2007 et 2008, le livre V du Code du travail était tout entier consacré aux « *Conflits du travail* », « *individuels* » (art. L 551-1 à L. 51-10-2), aussi bien que « *collectifs* » (art. L. 521-1 à L. 526-1).

Sans entrer ici dans une discussion trop théorique, disons simplement que, si les notions de conflit, de litige et de différend sont parfois employées comme synonymes, l'expression MARL, pour modes alternatifs de règlement/résolution des litiges, ou MARD, pour modes alternatifs de règlement/résolution des différends, étant parfois préférée à celle de MARC, ces notions ne sont pas équivalentes. La notion de conflit est *générale* et a donc vocation à englober la notion de litige, qui est une *espèce* de conflit en ce sens que le litige est un conflit *juridiquement relevant*, c'est-à-dire un conflit sur ce que requièrent, autorisent ou interdisent les règles de droit pertinentes, un conflit susceptible de faire l'objet d'une solution juridique, par application des règles de droit parce qu'il trouve son origine dans une situation d'incertitude juridique. Est donc juridique le litige qui naît de l'application du droit pour être résolu par application du droit ; on dit aussi, pour exprimer cette juridicité du litige, que la prétention émise en justice n'y est recevable qu'à la condition d'être « *juridiquement relevante* ». Quant au différend, il est une variété de litige, car il suppose un désaccord *entre deux personnes*, ce qui n'est pas nécessairement le cas du litige, ainsi que le montre le divorce par consentement mutuel (au rebours de ce que donne à penser l'article 25 C. pr. civ., la matière gracieuse est moins caractérisée par l'absence de litige que l'absence d'adversaire).

Autrement dit, d'une part, tout conflit n'est pas un litige : les querelles d'amoureux, de théologiens ou de doctrines peuvent être un conflit, mais elles ne sont pas matière à litige ; ne serait pas juridiquement relevante la prétention d'un mari sollicitant d'un juge qu'il condamne sa femme à l'aimer, tandis que le serait celle qui solliciterait du juge qu'il condamne l'époux ou l'épouse à contribuer aux charges du mariage sur le fondement de l'article 214 du Code civil. D'autre part, un litige peut être juridiquement réglé sans que le conflit qui y a donné naissance ne le soit. Ainsi, un conflit social dans une entreprise à propos des conditions de travail peut donner lieu à une occupation de l'usine qui, si l'employeur saisit le juge, pourra aboutir à une décision d'expulsion ; le litige né de l'occupation de l'usine sera terminé par la décision d'expulsion, mais le conflit opposant l'employeur à ses salariés ne sera pas réglé pour autant ; il y faudra pour cela un accord social à la suite d'une négociation collective. De même, un conflit de voisinage à propos d'un arbre dont les branches surplombent excessivement la propriété voisine peut donner lieu à une décision condamnant le propriétaire de l'arbre à l'élaguer, ce qui terminera le litige porté devant le juge, mais le conflit entre les voisins a peut-être, si l'on peut dire, des racines plus profondes et pourra surgir de nouveau en une autre occasion : nuisances sonores, feux de branchage, etc.

Certes, un mode alternatif peut plus aisément qu'un mode juridictionnel embrasser l'ensemble des aspects du conflit, dans ses éléments juridiques aussi bien que non juridiques, et en permettre une solution durable. Mais les uns comme les autres ont semblablement vocation à rétablir la paix sociale dont les MARC n'ont certainement pas l'exclusivité. On ne saurait admettre cette opinion, trop abrupte, selon laquelle « *la médiation crée l'altérité, le procès fait l'adversité* » (B. Gorchs, *op. cit.*, spéc. p. 423). Cette thèse ne nous semble correspondre ni à la réalité des solutions du droit positif, ni à ce qu'est, fondamentalement, l'acte de juger.

Le droit français tend en effet à articuler modes de règlement conventionnel et modes de règlement juridictionnel. Le constat est limpide en matière civile ; il peut également être fait en matière administrative et en matière pénale : la convention se diffuse au sein du procès, à la fois comme un mode de solution des litiges (la médiation judiciaire en est l'exemple le plus net) et comme une technique de gestion de la procédure (on parle des contrats de procédure) ; à l'inverse, les modes de règlement conventionnel se procéduralisent afin d'éviter les abus de puissance d'une partie sur l'autre. Se développe ainsi une justice plurielle qui, en fonction des circonstances, favorisera tel mode de règlement de préférence à tel autre, le passage de l'un à l'autre étant toujours envisagé comme une possibilité. Cette manière de faire, et de voir, est-elle oublieuse du conflit et exacerbe-t-elle l'attention prêtée au litige, c'est-à-dire à la dimension juridique du conflit ? La médiation judiciaire, notamment, manquerait-elle sa cible eu égard à la manière dont elle est conçue dans la loi ? La réponse à cette question ne résulte pas des textes ; elle dépend très largement de la pratique de la médiation aussi bien que de la pratique du jugement, c'est-à-dire des personnes qui les mettent en œuvre : il y a de bons juges comme il y a de mauvais médiateurs et *vice versa*. La médiation pénale (art. 41-1 C. pr. pén. : « *S'il lui apparaît qu'une telle mesure est susceptible d'assurer la réparation du dommage causé à la victime, de mettre fin au trouble résultant de l'infraction ou de contribuer au reclassement de l'auteur des faits...* ») et la médiation familiale (art. 373-2-10 C. civ. : « *A l'effet de faciliter la recherche par les parents d'un exercice consensuel de l'autorité parentale...* ») attestent assez bien la prise en compte de la dimension non exclusivement juridique du conflit (rappr. M. Guillaume-Hofnung, *La médiation*, cité *infra*, spéc., p. 24).

Si une disposition spécifique de la loi a prévu, dans le Code civil – la localisation est notable –, le recours possible à la médiation familiale alors que le Code de procédure civile contenait des dispositions relatives à la médiation judiciaire, c'est précisément, d'une part, parce que la médiation judiciaire a principalement pour objet la solution du litige, c'est-à-dire de la question de droit opposant les parties, mais d'une manière qui favorise leur dialogue, et, d'autre part, parce qu'il fallait éviter que les parties n'en viennent à se mettre d'accord sur des droits indisponibles sans que le juge puisse exercer le moindre contrôle sur la solution adoptée, l'homologation de l'accord n'étant en effet qu'une simple faculté (art. 131-12 C. pr. civ.). À l'inverse, l'acte de juger ne se réduit pas à l'application autoritaire de la loi : s'il entre dans l'office du juge de trancher le litige conformément aux règles de droit qui lui sont applicables, selon la disposition de l'article 12 C. pr. civ. déjà citée, qui vaut en vérité pour toute juridiction au-delà du procès civil, « *il entre* » aussi « dans la mission du juge de concilier les parties » (art. 21 C. pr. civ. ; rappr. art. L. 211-4 CJA). Tant qu'une solution amiable peut être trouvée, y compris en cours de procès, elle doit être recherchée.

Les modes juridictionnels aussi peuvent être amiables et la décision du juge serait-elle rendue en droit, le jugement doit toujours avoir pour objectif, comme l'a bien montré Paul Ricœur, dans son livre *Le juste* déjà évoqué, au-delà du départage des intérêts juridiques en présence (*suum cuique tribuere*, c'est la finalité courte du jugement), de contribuer à la paix sociale (c'est sa finalité longue) en faisant reconnaître par chacun la part que l'autre prend à la même société que lui, en vertu de quoi le gagnant et le perdant du procès sont réputés avoir chacun leur juste part à ce schème de coopération qu'est la société. Le jugement *doit* toujours tendre à l'apaisement du conflit au-delà du règlement immédiat du litige. Cette fonction de rétablissement ou de reconstruction du lien social attribuée à la médiation, c'est, fondamentalement, la fonction, éthique, du jugement.

Au-delà de l'analyse sémantique, qui en dit déjà long sur ce que sont les MARC, il convient d'en donner un aperçu historique qui confirme largement, en les prolongeant, les premiers enseignements de la terminologie.

Lire aussi

L. Cadiet, « Une justice contractuelle, l'autre », *in Mélanges Jacques Ghestin*, LGDJ, 2001, p. 177 ; « Petit glossaire de l'amitié dans le procès civil », *in Mélanges Pierre Couvrat*, PUF, 2001, p. 3 ; B. Gorchs, « La médiation dans le procès civil : sens et contresens – Essai de mise en perspective du conflit et du litige », *RTD civ.* 2003. 409 ; S. Guinchard, « L'évitement du juge civil », *in* J. Clam et G. Martin (dir.), *Les transformations de la régulation juridique*, LGDJ, 1998, p. 221 ; A. Jacobs, *Les alternatives au procès pénal*, L'Harmattan, 2013 ; A. Jeammaud, *V°* « Conflit / Litige », *in* S. Rials, D. Alland (dir.), *Dictionnaire de la culture juridique*, PUF, 2003 ; B. Oppetit, « Les modes alternatifs de règlement des différends de la vie économique », *Justices* 1995, p. 53 (publié aussi *in Théorie de l'arbitrage*, PUF, 1998, p. 34) ; J.-B. Racine, « L'arbitrage est un mode alternatif de résolution des conflits ? Contribution à la définition du terme « alternatif » », *LPA* 2001, n° 105, p. 16 ; M.-Cl. Rivier, *Les modes alternatifs de règlement des conflits. Un objet nouveau dans le discours des juristes français ?*, Mission de recherche Droit et justice, 2001 ; *V°* « Arbitrage », et *V°* « Conflit/litige », *in* L. Cadiet (dir.), *Dictionnaire de la justice*, PUF, 2004.

Chapitre 2
Aperçu historique

Les modes alternatifs de règlement des litiges sont l'expression récente (section 1) d'un phénomène ancien (section 2), la nouveauté tenant à l'amplification considérable du phénomène dans la période contemporaine, participant d'une tendance plus générale à la contractualisation du procès.

Section 1
La nouveauté de l'expression

L'expression « *Modes alternatifs de règlement des conflits* », désignée par l'acronyme MARC, est apparue au milieu des années 1990 comme un équivalent français à la notion américaine d'*Alternative Dispute Resolution* (L. Cadiet : « Compte rendu de l'ouvrage de C. Samson et J. McBride [dir.], *Solutions de rechange au règlement des conflits – Alternative Dispute Resolution*, Sainte-Foy, Les Presses de l'université Laval, Québec, 1993 », *in RIDC* 1994, n° 4, p. 1213). Cette expression a fini, progressivement, par s'imposer dans le discours des juristes, mais elle n'est pas unanimement reçue, en raison de la concurrence, qui vient d'être suggérée, d'autres expressions comme celle de « *solutions de rechange au règlement des litiges* » (SORREL), retenue un temps par les juristes québécois, de « *modes alternatifs de règlement des litiges* » (MARL), parfois utilisés en doctrine, de

« *résolution amiable des conflits* » (RAC : L. n° 98-1163, 18 déc. 1998 relative à l'accès au droit et à la résolution amiable des conflits) ou de « *résolution amiable des différends* » (RAD : Décr. n° 2012-66, 20 janvier 2012 relatif à la résolution amiable des différends), également adoptées par le législateur français. Toutes ces expressions pourraient être considérées comme équivalentes, par convention de langage.

Mais cette équivalence doit être nuancée, à deux égards. D'abord, ainsi que cela a été indiqué, il n'est pas indifférent d'utiliser la notion de conflit ou celle de litige. Ces vocables servent même de marqueurs à des conceptions différentes des MARC, autonomes par rapport au procès ou articulés aux modes de règlement juridictionnels. Surtout, les MARC sont moins une catégorie juridique qu'un état d'esprit (N. Dion, « L'esprit de la médiation », *Gaz. Pal.* 22-24 déc. 2013, p. 5). Ils désignent, de manière générale, l'ensemble des procédés conduisant à une solution amiable des conflits. Les modes alternatifs sont en principe des modes amiables, par opposition aux modes juridictionnels, traditionnellement conçus comme des modes autoritaires : le juge « tranche » le litige, du moins dans la langue de Molière, ce que ne traduisent peut-être pas autant d'autres langues comme, par exemple, la langue anglaise ou la langue italienne où « trancher » se traduit par « *Resolve* » et « *Risolvere* », qui renvoient beaucoup plus à « Résoudre ».

Partant de là, le périmètre des MARC est plus ou moins largement défini. Dans la conception la plus libérale, la catégorie des MARC embrasse les formes extrêmement variées de l'arbitrage (v. G. Alpa, « La circulation des modèles de résolution extrajudiciaire des conflits », *RIDC* 1993, p. 755, où l'auteur traite essentiellement de l'arbitrage), de la médiation et de la conciliation, de l'*ombudsman* et autres médiateurs publics, de l'auto-régulation des professions, voire des enquêtes internes aux entreprises pour le compte de la justice (fréquent aux États-Unis avec, notamment, le *deferred prosecution agreement* : A. Mignon-Colombet et F. Buthiau, « Le *deferred prosecution agreement* américain, une forme inédite de justice négociée.

Punir, surveiller, prévenir ? », *JCP* 2013. 359. – P. Servan-Schreiber, « *Deals* de justice – Une nouvelle justice économique sans juges », *JCP* 2014. 366) et de l'intervention d'autorités administratives ou publiques, indépendantes ou non, comme les autorités de régulation du marché (v. C. Samson et J. McBride [dir.], *Solutions de rechange au règlement des conflits – Alternative Dispute Resolution*, préc.). Les modes alternatifs atteignent même à la quintessence lorsque les contractants vont jusqu'à prévenir ou anticiper les litiges éventuels qui pourraient survenir entre eux grâce à des clauses appropriées d'adaptation du contrat ou de solution des différends (L. Cadiet, « Liberté des conventions et clauses relatives au règlement des litiges », *LPA* 5 mai 2000, p. 30).

Dans un sens beaucoup plus restrictif, une loi fédérale adoptée aux États-Unis en 1998, dite *Alternative Dispute Resolution Act of 1998* (P.L. 105-315 du 30 oct. 1998, codifié au USC tit. 28, §§ 651-658), limite les modes alternatifs aux méthodes qui impliquent une tierce partie neutre choisie pour aider à résoudre les points en conflit en dehors de la juridiction. Le *Glossary of Legal Terms* de l'*US Courts* en donne la définition suivante : « *A procedure for settling a dispute outside the courtroom. Most forms of ADR are not binding, and involve referral of the case to a neutral party such as an arbitrator or mediator* » (v. P. E. Herzog, *V°* « Alternative Dispute Resolution », *in* L. Cadiet [dir.], *Dictionnaire de la justice*, PUF, 2004). Pour certains auteurs, la conception française serait encore différente, qui ne retiendrait pas l'arbitrage au nombre des modes alternatifs de règlement des conflits, car celui-ci est un mode de solution *juridictionnelle* du litige, et qui les limiterait aux procédures impliquant une tierce personne (Ch. Jarrosson, « Les modes alternatifs de règlement des conflits : présentation générale », *RIDC* 1997, p. 311), ce qui exclurait les procédures de négociation.

Le point de vue peut être discuté. L'exclusion de l'arbitrage comme celle de la négociation du périmètre des MARC n'apparaissent ni justifiées ni exactes. D'abord, historiquement, l'arbitrage est bien apparu comme une alternative à la justice étatique et s'il est vrai que l'arbitre est un juge et la sentence arbitrale un jugement (art. 1484 C. pr. civ.), il n'en reste pas moins que l'arbitrage a une source contractuelle (la convention d'arbitrage, le contrat d'arbitre) et que la procédure d'arbitrage est imprégnée de contractualisme (art. 1464 C. pr. civ.). La contractualité de l'arbitrage est même d'autant plus forte lorsque l'arbitre reçoit spécifiquement mission de trancher le litige, non pas en droit, par application des règles juridiques, mais en équité, comme amiable compositeur (art. 1474 C. pr. civ.). Au demeurant, les modes alternatifs de règlement des conflits ne s'arrêtent pas aux portes du palais de justice ; ils se développent dans les prétoires et il n'y a pas lieu, par conséquent, d'exclure l'arbitrage du domaine des modes alternatifs lorsque ces modes se développent devant le juge lui-même.

Pour autant, il ne faut pas limiter les modes alternatifs de règlement des conflits aux seules procédures faisant intervenir une tierce personne dans la solution du conflit. Leur spectre est plus large, du moins dans la conception française. Il est en effet de tradition, en droit français, que les parties peuvent aussi se concilier d'elles-mêmes (art. 127 C. pr. civ. « *Les parties peuvent se concilier d'elles-mêmes ou à l'initiative du juge, tout au long de l'instance* »). Or, la conciliation, qui est au cœur de la conception française des modes alternatifs de règlement des conflits, est, selon le cas, un *phénomène de négociation*, quand elle se fait directement entre les parties, assistées ou non, ou un *phénomène de médiation* quand elle passe par l'intermédiaire d'un tiers. Sur les rapports de la conciliation et de la médiation, on trouve tout et son contraire. Le plus célèbre des dictionnaires juridiques, le *Vocabulaire juridique* Cornu, définit la médiation comme le « *mode de solution des conflits consistant, pour la personne choisie par les antagonistes (en raison le plus souvent de son autorité personnelle), à proposer à ceux-ci un projet de solution, sans se borner à s'efforcer de les rapprocher, à la différence de la conciliation, mais sans être investi du pouvoir de le leur imposer comme décision juridictionnelle, à la différence de l'arbitrage et de la juridiction étatique* » (*V°* « Médiation »).

Si la distinction de la médiation avec l'arbitrage et la juridiction étatique ne soulève pas de difficulté majeure, en revanche la distinction de la médiation et de la conciliation est plus problématique. D'abord, cette définition, doctrinale, n'est pas communément partagée. C'est même une définition inversée que retient la Commission européenne pour l'efficacité de la justice (CEPEJ), voyant dans le médiateur un simple facilitateur tandis que le conciliateur se voit reconnaître un rôle plus proactif (CEPEJ, *Rapport sur les « Systèmes judiciaires européens – Édition 2014 (2012) : efficacité et qualité de la justice »*, spéc. 6.1., p. 153), tandis qu'un autre dictionnaire juridique, largement en usage lui aussi, le *Lexique des termes juridiques*, assimile médiation et conciliation en définissant la médiation comme le procédé qui permet « *à un juge de désigner une tierce personne, avec l'accord des parties, pour les entendre et rechercher avec elles une solution aux fins de conciliation* » (*V°* « Médiation »). De fait, la distinction de la conciliation et de la médiation ne résiste pas à l'épreuve du droit positif. Comme l'a jugé la Cour de cassation française : « *La médiation, dont l'objet est de procéder à la confrontation des prétentions respectives des parties en vue de parvenir à un accord proposé par le médiateur, est une modalité d'application de l'article 21 C. pr. civ. tendant au règlement amiable des litiges et, par voie de conséquence, exclusive de tout pouvoir juridictionnel* » (Civ. 2e, 16 juin 1993, n° 91-15.332 ; sur l'assimilation de la conciliation et de la médiation, v. également Inspection générale des services judiciaires, *Rapport sur le développement des modes amiables de règlement des différends*, Ministère de la justice, avril 2015, n° 22-15).

Cette unité de la conciliation et de la médiation s'évince d'ailleurs, depuis 2012, de leur appréhension conjointe par le nouveau livre V du Code de procédure civile, dédié à « *La résolution amiable des différends* », qui leur donne une définition commune issue d'une directive européenne. L'article 1530 dispose en effet : « *La médiation et la conciliation conventionnelles régies par le présent titre s'entendent, en application des articles 21 et 21-2 de la loi du 8 février 1995 susmentionnée, de tout processus structuré, par lequel deux ou plusieurs parties tentent de parvenir à un accord, en dehors de toute procédure judiciaire en vue de la résolution amiable de leurs différends, avec l'aide d'un tiers choisi par elles qui accomplit sa mission avec impartialité, compétence et diligence* ». Il importe assez peu, à partir de là, que le tiers soit plutôt un facilitateur, ce qui doit rester le principe, ou plutôt un aviseur, ce qui peut être admis dès lors que l'intervention active du tiers dans la définition du contenu de la solution demeure respectueuse des principes directeurs du règlement amiable, notamment de l'impartialité (v. *infra*). La nature et le degré de l'intervention du tiers dépendent du litige, des parties au litige et de l'objet du conflit. Étymologiquement, la solution *amiable* repose même avant tout sur une relation d'*amitié*, au sens aristotélicien du terme, c'est-à-dire sur un rapport de « toi à moi », sans médiation d'un tiers. C'est seulement dans cette dernière hypothèse, faisant intervenir un tiers, juge ou non, que les MARC, qui sont, pour certains, une forme de justice, sans juge, font également œuvre de justice (L. Cadiet, « Construire ensemble une médiation utile », *Gaz. Pal.* 17-18 juill. 2015, p. 10).

Le plus sage est alors de considérer, souplement, qu'il n'y a pas de catégorie officielle des modes alternatifs, et encore moins de vérité révélée sur ce point, même si ces modes ont désormais droit de cité dans les codes comme c'est exemplairement le cas avec la résolution amiable des différends dans le livre V du Code de procédure civile. Les modes alternatifs de règlement des conflits peuvent être externes ou internes à l'institution judiciaire, ce qui correspond du reste à leur évolution historique.

Section 2
L'ancienneté du phénomène

La France aurait-elle un problème avec son histoire ? Contrairement à une idée reçue, les MARC ne sont ni une transposition, ni une imitation des *Alternative Dispute Resolution*, lesquels sont même d'apparition récente en *common law*. Pas plus que la création de justices de paix, pendant la Révolution française, n'est une importation des *justices of the peace* anglaises ou des faiseurs de paix (*vredemakers*) hollandais, qui avaient fasciné

Voltaire lors d'un voyage effectué à Leyde en 1742 (v. E. Glasson et A. Tissier, *Traité théorique et pratique d'organisation judiciaire de compétence et de procédure civile*, Sirey, 1926, spéc. t. 2, 3e éd., p. 406. – J.-P. Royer *et alii, Histoire de la justice en France*, PUF, 4e éd., 2010, n° 141). La France a ses propres trésors dont elle n'a aucune raison d'avoir honte et qu'elle ferait bien de ne pas négliger.

Sans remonter aux origines contractuelles du procès romain, symbolisé par la *litis contestatio*, le développement contemporain des modes alternatifs de règlement des conflits est une sorte de retour aux sources. Ayant pour principal support l'accord des parties, c'est-à-dire un fondement conventionnel, les MARC renouent, d'une certaine manière, avec une histoire bientôt vieille de mille ans. À l'aube médiévale du deuxième millénaire, le droit de la résolution des conflits était en effet un droit d'imprégnation contractuelle, droit fait de composition, d'arbitrage, de transaction, dans toute l'Europe (D. Roebuck, *Mediation and Arbitration in the Middle Age. England 1154 to 1558*, Oxford, Holobooks, The Arbitration Press, 2013). Le *Grand Robert de la langue française* révèle du reste que le premier sens attesté du mot « Procès », en 1174, est celui de « *titre juridique, contrat* » ; la trace de ce sens primitif se retrouve d'ailleurs encore dans la langue d'aujourd'hui avec l'expression « *procès-verbal d'accord* », y compris en néerlandais où l'accord des parties sur la solution du litige devant le juge se dit *proces-verbaal.*

La juridictionnalisation du règlement des différends, dissociant le procès du contrat, n'apparaît vraiment qu'au XIIIe et XIVe siècles, à la suite des trois longs règnes de Philippe-Auguste, Saint-Louis et Philippe le Bel. Ce phénomène participe de l'essor de la monarchie capétienne et de la consolidation du pouvoir royal : la justice et la procédure, y compris la procédure civile, sont en effet un des instruments de conquête de l'État monarchique contre les pouvoirs de la noblesse féodale et de l'Église. Au XVIIe siècle, Domat en traite, non pas dans son *Traité des loix civiles*, mais dans son *Traité du droit public*. Au demeurant, c'est aussi à cette époque que les professions de notaire (devenu l'homme du contrat) et de greffier (devenu l'homme du procès) se séparent durablement pour devenir ce qu'elles sont à l'heure actuelle (sur cette dissociation, v. J. Hilaire, *Histoire des institutions judiciaires*, Paris, Les cours de droit, 1990-1991, p. 113). Par la suite, modes juridictionnels et modes amiables de solution des conflits devaient évoluer distinctement, les premiers prenant le pas sur les seconds qui conservèrent leur utilité dans les contentieux de proximité, « *vieilles habitudes arbitrales de voisinage qui étaient demeurées intactes dans les esprits des habitants des hameaux les plus reculés de France* » (J.-P. Royer *et alii*, *Histoire de la justice en France*, *loc. cit.*).

Les modes alternatifs de règlement des conflits reviendront cependant sur le devant de l'actualité à la fin du XVIIIe siècle, avec la Révolution française, essentiellement pour des raisons idéologiques : la justice officielle incarnait trop l'Ancien régime royal tandis que l'arbitrage, la conciliation, la transaction apparaissaient au contraire comme les instruments d'une justice simple, directe, en accord avec les idéaux de la nouvelle citoyenneté républicaine, inspirée par le contrat social de Rousseau : « *Les lois ne sont proprement que les conditions de l'association civile. Le peuple soumis aux lois doit en être l'auteur ; il n'appartient qu'à ceux qui s'associent de régler les conditions de la société* » (*Du contrat social*, livre II, chapitre 6). Il ne devait pas en aller autrement pour la justice, comme en témoigne l'exhortation du député Louis Prugnon à la tribune de l'Assemblée nationale, le 7 juillet 1790 : « *Rendre la justice n'est que la seconde dette de la société. Empêcher les procès c'est la première. Il faut que la société dise aux parties : pour arriver au temple de la justice passez par celui de la concorde. J'espère qu'en passant vous transigerez* » (*Archives parlementaires*, tome XVI, p. 739). On ne sera donc pas étonné que la première grande loi issue de la Révolution française, la loi des 16 et 24 août 1790, énonçait à son article 1er : « *L'arbitrage étant le moyen le plus raisonnable de terminer les contestations entre les citoyens, les législateurs ne pourront faire aucunes dispositions qui tendraient à diminuer soit la faveur, soit l'efficacité des compromis* ».

Saint-Just ira même jusqu'à imaginer que la loi puisse imposer une déclaration officielle d'amitié (« *renouvelée, tous les ans, pendant le mois de ventôse* ») et prévoir que « *les amis ne peuvent plaider entre eux* » (« 6e fragment sur les institutions républicaines » *in L'esprit de la révolution*, collection 10/18, § 2 *Des affections*). Les historiens de la justice ont clairement montré que, dans les réformes de la Constituante, la conciliation, « *pierre de touche du nouvel édifice* », n'a pas été conçue exclusivement pour la justice de paix, mais, plus largement, comme un « *système* », aux multiples facettes (justice de paix, arbitrage, ordinaire et familial, transaction), permettant de déjudiciariser un certain nombre de litiges de caractère intime ou de faible importance dont la solution ne doit pas incomber à l'État (J.-P. Royer *et alii*, *Histoire de la justice en France*, préc., n° 139). Il faut redécouvrir les développements consacrés aux transactions et aux compromis par lesquels Eustache-Nicolas Pigeau, un des pères du Code de procédure civile de 1806, commençait de façon très moderne son traité de *La procédure civile des tribunaux de France démontrée par principes et mise en action par des formules* (Paris, 1807, Livre premier – « Des moyens de prévenir les procès », p. 1-46).

Sans doute, toutes les institutions du droit révolutionnaire n'ont pas survécu à la remise en ordre napoléonienne de la société française, comme l'arbitrage obligatoire qui existait dans les affaires familiales, de 1790 à l'An IV. Mais le Code de procédure civile de 1806 conservera de la période révolutionnaire la volonté de faire une place importante aux bons sentiments, à l'arbitrage volontaire et aux procédures conciliatoires dans la solution des litiges civils. Ce souci était manifeste dans la présentation au Corps législatif que Treilhard avait faite de l'*Exposé des motifs des Livres Ier et IIe de la première Partie du Projet de Code de Procédure civile*, vantant, à propos du juge de paix, les vertus de cette « *institution morale et bienfaisante* », envisagé comme « *un père plutôt qu'un juge* », qui « *doit placer sa véritable gloire moins à prononcer entre ses enfants qu'à les concilier* » (p. 13), allant même jusqu'à y voir « *un ange pacificateur* » qui « *s'efforce de calmer les passions, d'assouplir les haines* » (p. 20).

Il n'est pas étonnant, dans ces conditions, que le Code de procédure civile de 1806 (art. 48 à 58) ait continué à organiser un préliminaire obligatoire de conciliation pour les demandes principales et introductives d'instance dans la plupart des contentieux de première instance (à la condition que les parties aient la libre disposition de leurs droits et qu'il n'y ait point urgence à résoudre le litige). C'est ce qu'on a appelé la « *grande conciliation* » qui sera en vigueur jusqu'en 1949. La conciliation était plus fréquente dans les campagnes que dans les villes. Selon une statistique de 1834, les affaires étaient conciliées dans 65 % des cas, ce qui semble beaucoup. Ce chiffre n'aurait fait que décliner par la suite : 36 % des affaires en 1879 et 9 % en 1942, ce qui conduira à la supprimer en 1949 comme procédure préalable et obligatoire. Le préliminaire de conciliation ne subsistera plus que devant les seules justices de paix (devenues, en 1958, les tribunaux d'instance), à l'état de simple faculté offerte aux plaideurs, ce qu'on appelait la « *petite conciliation* », ainsi que comme préliminaire obligatoire en certaines matières, comme le divorce et la séparation de corps, et devant le conseil de prud'hommes, sans guère de succès, le nombre d'affaires conciliées en matière prud'homale ayant diminué régulièrement, passé de 60 % avant la seconde guerre mondiale à 5,5 % en 2013.

Pourtant, quand, à partir de 1958, la réforme de la procédure civile sera mise en chantier, les rédacteurs de nouveau Code de procédure civile, qui verra le jour en 1975, ont creusé encore plus profondément le sillon originaire de la justice amiable. C'était de leur part un choix politique autant que philosophique, présenté comme la « *part du rêve* », du « *rêve de justice* », d'une justice humanisée, « *aux antipodes d'une justice technocratique ou engoncée* », selon les mots d'un des pères du nouveau Code, le doyen Gérard Cornu (« L'élaboration du code de procédure civile » *in* B. Beignier [dir.], *La codification*, Dalloz, 1996, p. 71). Ce choix se traduira notamment par la consécration de la conciliation parmi les principes directeurs du procès (art. 21 C. pr. civ.), par la création de la requête conjointe parmi les modes d'introduction de l'instance (art. 57 et 58 C. pr. civ.) et par la reconnaissance au profit du juge du pouvoir de statuer en amiable composition à la demande des parties (art. 12, al. 4, C. pr. civ.). Au milieu des années 1970, ce choix était largement prophétique, mais le développement des modes alternatifs de règlement des conflits, depuis une vingtaine d'années permet de se demander si le rêve législatif n'est pas en train de devenir réalité positive. On en prendra pour illustration un décret de mars 2015 qui favorise la conciliation préalable obligatoire avant tout procès (Décr. n° 2015-282, 11 mars 2015).

Avec la transaction pénale (art. 1er et 6 C. pr. pén. : v. J.-B. Perrier, *La transaction en matière pénale*, préf. S. Cimamonti, LGDJ, 2014), la composition pénale (art. 41-2 C. pr. pén.) et la médiation pénale (art. 41-1 C. pr. pén.), la procédure pénale elle-même, qui est pourtant présentée, traditionnellement, comme une procédure nécessairement juridictionnelle, au surplus de type inquisitoire, n'a pas échappé aux séductions de cette « justice alternative », de cette justice douce qui, comme la médecine du même nom, ne manque pas d'attraits. La procédure administrative n'a pas davantage échappé à cette tendance comme en témoigne le tout récent Code des relations entre le public et l'administration (Ord. n° 2015-1341, 23 oct. 2015, spéc. Livre IV : « Le règlement des différends avec l'administration », en particulier le Titre II : « Les autres modes non juridictionnels de résolution des différends », art. L. 421-1 à art. L. 424-1). L'évolution n'est sans doute pas terminée.

Cette rétrospective historique, bien que sommaire, permet d'éclairer la situation actuelle des modes alternatifs de règlement des conflits en France qui peuvent donc être judiciaires aussi bien qu'extrajudiciaires, ce qui ressort de leur typologie.

Lire aussi

L. Cadiet, « Le spectre de la société contentieuse », *in Mélanges Gérard Cornu*, Paris, PUF, 1995, p. 29 ; « Les jeux du contrat et du procès », *in Mélanges Gérard Farjat*, Éditions Frison-Roche, 1999, p. 23 ; « I modi alternativi di regolamento dei conflitti in Francia tra tradizione e modernità », *in* V. Varano (a cura di), *L'altra giustizia*, Milano, Giuffrè Editore, 2007, p. 69 ; Th. Clay, « Le modèle pour éviter le procès », *in* T. Revet (dir.), *Code civil et Modèles – Des modèles du Code au Code comme modèle*, LGDJ, 2004, p. 51 ; S. Dauchy, « La médiation en France, bref survol historique », *in* C. H. van Rhee, D. Heirbaut et M. Storme (dir.), *The French Code of civil procedure (1806) after 200 years : the civil procedure tradition in France and abroad. Le bicentenaire du Code de procédure civile (1806) : la tradition de la procédure civile en France et à l'étranger. De Code de procédure civile (1806) na 200 jaar : de traditie van het Frans civiel procesrecht in vergelijkend perspectief*, Kluwer, 2008, p. 77 ; C. Esplugues, S. Barona (eds), *Global perspective on ADR*, Intersentia, 2013 ; C. Gauvard *et alii*, *Le règlement des conflits au Moyen-Âge*, Publications de la Sorbonne, 2001 ; C. Jallamion, *L'arbitrage en matière civile du XVII*[e] *au XIX*[e] *siècle. L'exemple de Montpellier*, thèse Montpellier I, dir. B. Durand, 2004, dact. ; C. Jallamion, « La jurisprudence française et l'arbitrage de 1843 à 1958. De la défaveur à la faveur jusqu'à l'avènement de l'arbitrage international », *Rev. arb.* 2015, p. 739 et 1037 ; C. Jallamion, « Tradition et modernité de l'arbitrage et de la médiation au regard de l'histoire », *Gaz. Pal.* 17 janv. 2009, p. 3 ; C. Jallamion et Th. Clay, « Arbitrage et justice étatique, hier et aujourd'hui », *in* L. Cadiet, S. Dauchy et J.-L. Halperin (dir.), *Itinéraires d'Histoire de la procédure civile*, IRJS Éditions, 2014, p. 177 ; A. Lefebvre-Teillard, « L'arbitrage de l'histoire », *in L'arbitrage*, Archives de philosophie du droit, t. 52, 2009, p. 1 ; *Varii autoris*, *Les rapports entre arbitrage et justice étatique. Perspectives historiques*, Centre d'histoire judiciaire de l'Université de Lille 2, coll. Les épisodiques, vol. 11, 2007.

Titre 2
Typologie des modes alternatifs de règlement des conflits

Si la recherche d'une solution alternative de résolution des conflits n'est pas nouvelle, elle s'est toutefois développée et diversifiée ces dernières années. D'abord conçus comme une alternative à la solution judiciaire du litige (Chapitre 1), les modes amiables de règlement des conflits ont fini par s'installer y compris devant le juge judiciaire lui-même (Chapitre 2).

Chapitre 1

Les modes alternatifs de règlement des conflits en dehors des institutions judiciaires

À côté des modes amiables qui s'organisent dans l'orbite de la justice ordinaire, d'autres existent dont la caractéristique principale est qu'ils se déroulent hors l'institution judiciaire. C'est même leur principale raison d'être. Animés par une volonté, non pas tant de contournement de la justice étatique, mais plutôt de résolution autre du conflit, ces modes alternatifs se distinguent des précédents en ce qu'ils vont plus loin dans la recherche de l'alternative. Il s'agit non plus seulement de choisir un modèle de résolution du conflit qui se distingue de la manière usuelle dont les litiges sont tranchés, mais encore – et c'est là que la différence est accentuée – d'écarter le juge ordinaire de la résolution du différend, quand bien même celui-ci offrirait un autre modèle de solution que celui qu'il emploie habituellement. Sont donc ici rejetés non seulement le modèle traditionnel, mais même le juge étatique qui l'applique.

Contrairement à ce que l'on pourrait croire de prime abord, les MARC ne se sont pas développés en opposition à la puissance publique (voir la Charte de la médiation inter-entreprises, signée le 22 novembre 2005, sous l'égide de la Chambre de commerce et d'industrie de Paris, en présence du ministre de l'Économie, des finances et de l'industrie de l'époque), ni à la justice étatique mais, au contraire, en harmonie avec celles-ci qui ont toujours témoigné bienveillance et soutien à leur égard.

C'est ce que l'on appelle la *favor arbitrandum* et, par extension, la *favor accordandum* ou *conciliationis*. L'inverse n'aurait d'ailleurs pas permis l'essor prodigieux que connaissent les MARC en France, aussi bien extrajudiciaires que judiciaires. Ils sont en effet particulièrement développés, et depuis longtemps, si bien que l'on peut penser qu'ils s'inscrivent dans une tradition juridique française. Cependant, loin de s'en tenir à ce seul rôle précurseur, le droit français continue à innover en recourant de plus en plus fréquemment à des MARC non judiciaires, parfois même dans des figures inédites, si bien que, traditionnels, les MARC extrajudiciaires sont aussi en perpétuel renouvellement. La conciliation extrajudiciaire comme la médiation conventionnelle appartiennent à cette catégorie, dans laquelle il est également possible de classer la récente procédure participative qui apparaît comme un MARC réservé aux seuls avocats.

Ces MARC sont cependant dominés par un modèle qui écrase presque les autres tant son emprise est forte : l'arbitrage. Comme on l'a déjà relevé ci-dessus, l'arbitrage se distingue en outre des autres modes par un élément qui le rend irréductiblement différent : il s'agit d'un mode *juridictionnel* de résolution des conflits, quand les solutions issues des autres MARC n'ont en principe qu'une valeur *contractuelle*. Cette raison justifie que, dans la typologie des MARC extrajudiciaires, l'arbitrage soit d'abord évoqué (section 1), avant d'exposer les autres MARC extrajudiciaires (section 2).

Section 1
L'arbitrage

S'il n'est pas, par essence, un mode « amiable » de règlement des conflits, l'arbitrage peut être considéré comme un mode « alternatif » au règlement judiciaire du litige. Cette nuance dévoile une certaine conception du droit et de l'ordre juridique. Ramener l'arbitrage aux modes purement contractuels revient avant tout à faire de l'arbitre un tiers choisi par les parties. Au contraire, apparier l'arbitrage à la justice étatique a pour conséquence de considérer l'arbitre avant tout comme un juge, et, partant, à se revendiquer davantage du pluralisme juridique que du positivisme légaliste. Or, dans la conception française, l'arbitrage est une justice à part entière et l'arbitre un juge, privé certes, mais juge. Il y a beaucoup plus en commun entre le juge étatique et l'arbitre qu'entre celui-ci et le médiateur ou le conciliateur. La vraie ligne de départage se situe, non pas dans l'origine étatique ou conventionnelle de la mission, qui finalement importe peu pour qui doit exécuter la décision, mais entre les modes contractuels et les modes juridictionnels, dussent-ils procéder d'un contrat. La source du pouvoir compte moins que l'effet de la décision. Le jugement et la sentence arbitrale ont ceci en commun qu'ils s'imposent, alors que le résultat d'une médiation ou d'une conciliation, qui peut prendre la forme d'une transaction, est toujours le produit d'un accord. D'un côté, une solution imposée, de l'autre une solution négociée. La césure est donc bien entre, d'un côté, les modes juridictionnels et, de l'autre côté, les modes conventionnels.

À cela s'ajoute que l'arbitrage permet lui-même, en son sein, plusieurs variantes, qu'on pourrait même appeler des alternatives internes. Loin d'être monolithique, l'arbitrage peut être façonné par les parties pour coller au plus près des caractéristiques de leur litige. Elles peuvent décider que le litige sera tranché en droit ou en équité, elles peuvent se laisser la possibilité de faire appel ou y renoncer (dans l'arbitrage interne), et de même pour le recours en annulation (dans l'arbitrage international), elles peuvent demander à l'arbitre de rendre une sentence ou une simple ordonnance, la sentence elle-même peut revêtir plusieurs formes, avant-dire droit, provisoire, partielle, définitive, etc. La sentence ne constitue même parfois que la ratification de l'accord des parties, et on parle alors de sentence-d'accord parties, car, ne l'oublions pas, à l'instar du juge étatique, il entre dans la mission de l'arbitre de tenter de concilier les parties. Bref, l'arbitrage est une justice alternative qui propose des alternatives.

Ainsi entendu, le droit français de l'arbitrage rayonne incontestablement, au-delà des frontières nationales bien plus encore que bien d'autres branches de notre système juridique. Le droit français de l'arbitrage a servi de modèle à de nombreuses législations étrangères, malgré la concurrence, depuis 1985, de la loi-type de la CNUDCI. Les raisons d'un tel engouement sont multiples et tiennent, pour l'essentiel, à la qualité souvent prêtée au droit français de l'arbitrage. Pour s'en convaincre, il convient de l'éprouver non seulement à l'aune des sources de la matière (I), mais aussi de son régime juridique en suivant l'ordre chronologique de la réalisation du processus arbitral, c'est-à-dire en allant de la convention d'arbitrage (II) à la sentence arbitrale et aux recours dont elle peut faire l'objet (V), en passant par la constitution du tribunal arbitral (III) et l'instance arbitrale (IV).

I – Les sources du droit français de l'arbitrage

Comme dans de nombreux pays, le droit français de l'arbitrage repose sur trois types de sources : les codes (A), la jurisprudence, la doctrine (B), et les conventions internationales et règlements d'arbitrage (C).

A – Les codes

Deux codes servent, pour l'essentiel, de supports normatifs au droit français de l'arbitrage : le Code civil et le Code de procédure civile.

Le Code civil contient principalement trois dispositions, les articles 2059 à 2061, qui concernent la convention d'arbitrage, en distinguant entre le compromis d'arbitrage et la clause compromissoire. Ces trois textes n'ont pas été intégrés au Code civil en même temps, car le premier date de 1972, le deuxième a été rédigé en deux temps (alinéa 1er en 1972 et alinéa 2 en 1975), et le troisième texte date de 2001, lorsque la rédaction précédente (datant de 1972 aussi) a été remplacée. Ces trois articles du Code civil ont vocation à poser le cadre législatif du droit français de l'arbitrage. Certes, on trouve d'autres références de valeur législative sur l'arbitrage et notamment ailleurs dans le Code civil (art. 2412, al. 2, sur l'hypothèque judiciaire), dans le Code de commerce (art. L. 721-3, sur la compétence des tribunaux de commerce), dans le Code du travail (art. L. 2524-1 et s. sur les conflits collectifs du travail), dans le Code des transports (art. L. 2111-14 et L 2141-5 pour autoriser la SNCF Réseau et la SNCF Mobilités à conclure des conventions d'arbitrage), dans le Code rural et de la pêche maritime (art. L. 631-28 et L. 631-29 sur l'arbitrage en matière de vente de produits agricoles ou alimentaires ou pour les accords interprofessionnels relatifs à la cession des produits agricoles destinés à la revente ou à la transformation), dans le Code général des collectivités territoriales (art. L. 1414-12, *l*, qui valide la clause compromissoire dans les contrats de partenariat public-privé), etc. Et on ne vise pas ici les dispositions qui concernent les clauses de litiges *lato sensu*, qui s'appliquent donc à l'arbitrage aussi, comme par exemple l'article L. 423-25 du Code de la consommation issu de la loi *Hamon* de 2014 instituant l'action de groupe, ni celles qui ne sont pas codifiées comme par exemple la loi n° 2011-617 du 1er juin 2011 dont l'article 3 rend arbitrables certains contrats conclus par des personnes morales de droit public pour « la construction ou la rénovation des enceintes sportives destinées à accueillir l'UEFA Euro 2016 ». Mais ces différentes dispositions revêtent une importance sectorielle qui n'est pas telle qu'elles méritent qu'on s'y arrête dans le cadre d'une présentation générale de l'arbitrage. Elles permettent simplement de souligner, par leur seule diversité, la très grande variété des domaines ayant la possibilité de recourir à l'arbitrage, attestant, ce faisant, qu'il s'agit bien d'un mode usuel de règlement des litiges.

À côté de ces textes, de nature législative, la partie la plus importante du droit français de l'arbitrage est réglementaire et résulte, pour l'essentiel, du Code de procédure civile, même si on trouve aussi des dispositions dans d'autres codes, comme le Code de la consommation (art. R. 132-2, 10° sur les clauses abusives), le Code du travail (art. R. 2524-1 et s. qui explicitent les articles précités du même code ou l'article D. 2261-2-6° sur les accords de branche), etc. Certains textes ne sont d'ailleurs pas codifiés comme le décret n° 1968-65 du 19 janvier 1968 relatif aux événements de mer, dont l'article 2 se réfère à la clause compromissoire ou le décret n° 2008-12 du 3 janvier 2008 relatif aux chambres de commerce et d'industrie qui fixe les conditions auxquelles celles-ci peuvent compromettre. Là encore les illustrations pourraient être multipliées pour montrer l'universalisme de l'arbitrage.

Le régime juridique du droit commun de l'arbitrage est donc fixé aux articles 1442 à 1527 du Code de procédure civile. Issus d'un décret n° 2011-48 du 13 janvier 2011, ces articles sont entrés en vigueur le 1er mai 2011, sous réserve des dispositions transitoires. Ils ont remplacé les articles précédents issus des décrets datant du 14 mai 1980 pour l'arbitrage interne et du 12 mai 1981 pour l'arbitrage international, qui, eux-mêmes, s'étaient substitués à l'ancien Code de procédure civile de 1806. Constituant presque un code autonome de l'arbitrage, les quatre-vingt-six articles du Code de procédure civile relatifs à l'arbitrage offrent désormais un régime juridique complet et parfaitement opérationnel. Le droit de l'arbitrage issu du décret de 2011 est à la fois plus accessible puisqu'il intègre les principales solutions jurisprudentielles acquises parfois depuis longtemps, et plus audacieux en proposant des règles innovantes destinées à rendre l'arbitrage plus rapide, plus transparent et plus efficace, sans se départir de sa philosophie générale autonomiste. Il constitue le droit positif de l'arbitrage et repose sur une *summa divisio* entre l'arbitrage interne et l'arbitrage international qui « *met en cause les intérêts du commerce international* » (art. 1504), selon une approche économique.

Le droit français de l'arbitrage obéit à des logiques et à une philosophie atypiques. Comme l'a écrit Jean-Baptiste Racine, c'est un « *droit pragmatique qui déroute et qui fascine* » (« Propos liminaire sur un droit pragmatique », *in* Y. Strickler et J.-B. Racine [dir.], *L'arbitrage. Questions contemporaines*, L'Harmattan, 2012, p. 11). Nombre de ses solutions n'ont d'autres explications rationnelles que le fait qu'il faut qu'il en soit ainsi ! Et parfois au rebours des règles de droit commun qui s'appliquent ailleurs en droit français. Ainsi en est-il de la mise à l'écart des articles 2059 à 2061 du Code civil pour l'arbitrage international, alors que rien, dans ces textes, ne prétend à un cantonnement au seul arbitrage interne, et que, au contraire, l'adage « *Ubi lex non distinguit non distinguere debemus* » aurait dû en principe s'appliquer ici comme ailleurs et conduire à ce qu'aucune distinction ne soit faite. Ainsi en est-il aussi de l'extension des effets de la convention d'arbitrage à des personnes qui ne l'ont jamais signée et qui refusent même qu'elle leur soit opposée. Ainsi en est-il également de l'effet négatif de la compétence-compétence qui oblige le juge à se déclarer incompétent, même si la convention d'arbitrage est nulle, car il doit s'incliner devant l'arbitre, seul compétent, même pour dire qu'elle est nulle. Ainsi en est-il encore du juge d'appui qui cumule les avantages du juge des référés pour la rapidité, et du juge de droit commun puisqu'il statue au fond. Mieux : si sa décision est favorable à l'arbitrage parce qu'il nomme un arbitre, elle est sans recours, alors que s'il refuse la nomination, le recours est ouvert car, forcément, cette fois-ci, il se sera alors trompé et qu'il faut une seconde chance à l'arbitrage. Ainsi en est-il aussi toujours de la sentence d'incompétence qui voit l'arbitre rendre une décision de justice qui énonce qu'il n'a pas le pouvoir de la rendre, et elle est pourtant valable. Ainsi en est-il enfin des conditions d'exécution de la sentence arbitrale qui, à l'inverse des autres décisions de justice, peut être simplement notifiée, et n'a pas à être signifiée. Les exemples pourraient être multipliés.

Toutes ces règles, exceptionnelles et asymétriques, ont en commun d'être guidées par la seule recherche de l'efficacité de l'arbitrage. À tel point qu'on a fini par dégager un principe d'interprétation *in favorem* de la convention d'arbitrage, qui s'est progressivement étendu à l'ensemble des étapes d'un arbitrage, comme l'a bien montré Laure Bernheim van de Casteele dans sa thèse (*Les principes fondamentaux de l'arbitrage*, préf. Th. Clay, Bruylant, 2012). Il s'agit au surplus d'un droit accueilli et accompagné favorablement, notamment par la jurisprudence et la doctrine.

B – La jurisprudence et la doctrine

La jurisprudence issue des juridictions ordinaires françaises ne s'est pas seulement contentée d'accompagner le développement de l'arbitrage ; elle l'a aussi fortement impulsé, par une série de grands arrêts qui en ont longtemps fait un droit fortement prétorien (v. pour la reproduction de ces grands arrêts : Th. Clay et Ph. Pinsolle, *The French International Arbitration Law Reports 1963-2007*, Jurisnet, 2014). Depuis 1963 et le célèbre arrêt *Gosset*, qui a posé le principe de l'autonomie de la clause compromissoire dans l'arbitrage international (Civ. 1re, 7 mai 1963, n° 58-12.874), la jurisprudence française n'a cessé de compléter le droit positif de manière précise et raisonnée au gré des affaires qu'elle devait résoudre. Plus encore que dans d'autres disciplines, les tribunaux judiciaires ont véritablement été, pour l'arbitrage, une source de droit, au point que, lorsqu'en 1981 les dispositions sur l'arbitrage international sont entrées en vigueur, c'était – avait précisé le garde des Sceaux dans son Rapport au Premier ministre – sous la réserve expresse qu'elles ne viendraient pas contredire les principes nés de la jurisprudence antérieure relative à l'arbitrage international, ni qu'elles verraient leur portée limitée par les nouvelles dispositions contraires de l'arbitrage interne. Ce faisant, on assistait à une véritable inversion de la hiérarchie des normes, et même à une double inversion puisque prime était donnée à la jurisprudence sur le décret, et à la norme antérieure sur la norme postérieure. Cette logique a été reprise à l'identique dans le rapport du garde des Sceaux qui accompagnait le décret de 2011. Un des traits marquants de cette jurisprudence est, elle aussi, son orientation systématiquement favorable à l'arbitrage. Elle a ainsi permis de parer à l'ensemble des manœuvres dilatoires qui ont pu être imaginées pour tenter de paralyser les instances arbitrales. En ce sens, la jurisprudence française a progressivement élaboré un arsenal de contre-mesures redoutablement efficaces. Le rôle déterminant de la jurisprudence judiciaire s'explique par trois facteurs au moins.

En premier lieu, cela tient à la place que les textes eux-mêmes accordent au juge ordinaire. Celui-ci remplit trois missions principales à l'égard de l'arbitrage. De manière assez classique, il est d'abord l'autorité qui statue sur les recours exercés contre les sentences arbitrales ; il est ainsi le juge de leur parfaite rectitude par rapport aux grands principes de l'arbitrage. De manière également assez répandue, le juge judiciaire est compétent pour accepter ou refuser de permettre à la sentence de bénéficier de la force exécutoire, ou de la faire entrer dans l'ordre juridique français, en accordant ou non l'*exequatur*. Enfin, de manière plus originale, quoique le modèle soit désormais diffusé, le juge judiciaire joue aussi un rôle d'accompagnateur du tribunal arbitral en ce qu'il peut, par ses fonctions de juge d'appui, pallier les difficultés relatives à la constitution du tribunal arbitral ou à la conduite de l'instance arbitrale. Son rôle a encore été renforcé par le décret de 2011 qui lui a d'ailleurs définitivement conféré le nom de « juge d'appui », véritable ange gardien de l'instance arbitrale, tout au long de celle-ci, du moins si les parties n'ont pas décidé de recourir à un centre d'arbitrage. Tout au long de l'exécution de leurs trois missions, les juridictions judiciaires ont été amenées à rendre de nombreuses décisions qui constituent aujourd'hui cette importante jurisprudence en matière d'arbitrage.

En deuxième lieu, le rôle important qu'a joué la jurisprudence française s'explique aussi par la personnalité même des magistrats qui, depuis 1980, ont rempli les fonctions de juge d'appui ou de juge du recours contre les sentences. Cela a été maintes fois souligné : se sont succédé à ces fonctions des personnalités exceptionnelles de clairvoyance et de finesse, qui ont du reste souvent été appelées, par la suite, à présider les plus hautes, sinon la plus haute, juridictions de l'ordre judiciaire français. Leur apport à la construction d'un droit français de l'arbitrage complet a été décisif.

Enfin, en troisième lieu, la jurisprudence française a eu ce rôle déterminant en raison aussi de son rayonnement à l'étranger. Celui-ci trouve sa source dans plusieurs causes : d'abord, parce que Paris est l'une des principales places d'arbitrage au monde ; ensuite, parce que la Chambre de Commerce Internationale (CCI), et notamment sa Cour internationale d'arbitrage, a son siège à Paris, ce qui a pour conséquence que les difficultés rencontrées dépassent, et de très loin, les seuls enjeux hexagonaux ; enfin, parce que la matière même de l'arbitrage, notamment international, est une discipline véritablement transnationale dont les évolutions sont scrutées partout dans le monde.

Au surplus, cette observation de l'arbitrage est menée par une doctrine particulièrement savante, qui a toujours fait œuvre en la matière d'innovation et d'explication. Certes, tel est le rôle traditionnel assigné à la doctrine et il ne s'écarte pas pour l'arbitrage de ce qu'il est ailleurs. Mais, dans une matière aussi éminemment jurisprudentielle, comme c'est également le cas du droit international privé, la doctrine remplit une fonction heuristique dont l'apport dépasse le cadre habituel de sa mission. Cela se vérifie pour la doctrine francophone, plus que française, dont quelques grands auteurs ont fortement contribué au rayonnement de l'arbitrage, d'Henri Motulsky à Philippe Fouchard, en passant par Berthold Goldman et Pierre Lalive. La caractéristique naturellement internationale, voire transnationale, de l'arbitrage se constate également dans l'importance et le rayonnement des instruments internationaux qui le concernent.

C – Les conventions internationales et les règlements d'arbitrage

Les conventions internationales jouent en matière d'arbitrage un rôle décisif car, sans garantie d'exécution des sentences à l'étranger, celles-ci resteraient lettre morte et l'arbitrage n'aurait guère d'intérêt. Les conventions internationales relatives à l'arbitrage auxquelles la France est partie sont en nombre réduit, mais leur importance est immense. Il faut distinguer à ce titre l'arbitrage commercial international et l'arbitrage d'investissement qui oppose toujours un État et un investisseur qui lui est étranger.

En ce qui concerne le premier, la France est liée par deux principaux traités internationaux multilatéraux : la Convention de New York du 10 juin 1958 et la Convention de Genève du 21 avril 1961. À cet égard, la France se situe dans la même position que de nombreux autres pays et il est par conséquent inutile d'entrer plus avant dans le détail. On relèvera simplement que la Convention de New York réunit à ce jour 156 pays (au 1er mars 2016) et facilite donc l'exécution des sentences arbitrales rendues dans n'importe lequel de ces pays auprès des 155 autres. Une des particularités de cette Convention tient aussi à son article VII qui prévoit que ses dispositions peuvent être écartées lorsque le droit national en cause est plus favorable à l'arbitrage, ce qui, en matière d'exécution des sentences arbitrales, est le cas du droit français.

En ce qui concerne le second, la France est là encore liée par deux principaux traités internationaux multilatéraux : la Convention de Washington du 18 mars 1965 et le Traité sur la Charte de l'Énergie du 17 décembre 1994. Mais l'on peut évoquer aussi les traités conclus directement par l'Union européenne et qui lient donc la France, comme les récents accords de libre-échange UE-Corée du Sud, entrés en vigueur le 1er juillet 2011, et UE-Canada signé le 26 septembre 2014, non encore entré en vigueur, qui contiennent des clauses d'arbitrage, comme d'ailleurs le controversé traité de libre-échange avec les États-Unis en cours de négociations. Outre ces instruments multilatéraux, la France est liée par quatre-vingt-seize traités bilatéraux d'investissement (au 1er mars 2016) contenant des mécanismes d'arbitrage et qui expliquent l'essor de ce type particulier d'arbitrage. L'arbitrage d'investissement étant de nature très différente et obéissant à des logiques spécifiques, il ne sera pas examiné dans le cadre du présent livre.

Il n'est pas davantage nécessaire de s'attarder sur les règlements d'arbitrage pour lesquels le droit français ne diverge pas ici non plus de la plupart des autres droits étrangers. On sait que les centres d'arbitrage éditent des règlements d'arbitrage qui sont appliqués lorsque l'instance arbitrale se déroule sous leur égide ou qui sont simplement proposés à ceux qui voudraient les suivre. Le droit français admet que ces règlements d'arbitrage se substituent au droit positif français, sous réserve des dispositions impératives de ce dernier. Le règlement des principaux centres d'arbitrage, comme celui de la CCI ou du CIRDI, exercent donc une réelle influence, sinon sur le droit positif, du moins sur la pratique de l'arbitrage en France, comme ailleurs.

Toutes ces sources mises bout à bout contribuent à dessiner un droit français de l'arbitrage particulièrement précis et efficace, qu'il convient maintenant d'envisager plus directement, en commençant par la source de l'arbitrage lui-même, c'est-à-dire la convention d'arbitrage.

II – La convention d'arbitrage

En réalité, ce n'est pas tant « la » convention d'arbitrage qu'il faut évoquer, mais « les » conventions d'arbitrage. Celles-ci sont en effet au nombre de deux : la clause compromissoire et le compromis, ainsi que cela a été rappelé précédemment. Ces conventions se distinguent selon que le litige n'est pas encore né : clause compromissoire (A) ou, au contraire, l'est déjà : compromis d'arbitrage (B).

A – La clause compromissoire

L'article 1442, alinéa 2, C. pr. civ. définit la clause compromissoire comme étant « *la convention par laquelle les parties à un ou plusieurs contrats s'engagent à soumettre à l'arbitrage les litiges qui pourraient naître relativement à ce ou à ces contrats* ». La validité de la clause compromissoire s'examine différemment selon qu'il s'agit d'arbitrage interne ou international.

Dans le premier cas, la validité de la clause est subordonnée à une condition de forme et deux conditions de fond.

La condition de forme est que la clause compromissoire soit stipulée par écrit, lequel peut-être un écrit figurant dans un document auquel le contrat principal ne fait que référence (clause par référence). Cet écrit peut également être un écrit électronique depuis que le droit français a admis l'écrit électronique au même titre que l'écrit papier (art. 1108-1 et s. du Code civil).

Les conditions de fond de la clause compromissoire *en matière interne* sont énoncées, à la fois, dans le nouveau Code de procédure civile et dans le Code civil. L'article 1444 C. pr. civ. dispose que la convention d'arbitrage « *désigne (...) le ou les arbitres, ou prévoit les modalités de leur désignation* », ce qui semble parfaitement clair. Quant au Code civil, il énonce d'abord la règle – valable à la fois pour le compromis et la clause compromissoire – relative à l'arbitrabilité des litiges, qui est limitée aux seuls droits disponibles (art. 2059 et 2060). À cet égard, la jurisprudence française a maintes fois décidé que le fait qu'une matière soit d'ordre public (comme par exemple le droit de la concurrence ou le droit des procédures collectives) ne suffit pas à rendre le litige inarbitrable. Le Code civil considère ensuite, à l'article 2061, que ne sont valables que les clauses compromissoires conclues « *à raison d'une activité professionnelle* ». Une telle formulation, même si elle ne convainc pas complètement, couvre les contrats commerciaux et les contrats civils professionnels, mais écarte les contrats de consommation. Quant au cas particulier du contrat de travail, après qu'elle a été admise pour l'arbitrage international en 1999, la validité de la clause compromissoire a été également acceptée pour l'arbitrage interne en 2011, dans l'arrêt *Deloitte* (Soc. 30 nov. 2011, n° 11-12-905 et 11-12.906), mais la clause n'est pas opposable au salarié. En d'autres termes, le salarié pourra décider après la naissance du litige s'il accepte ou non que le litige avec son employeur soit tranché par la voie de l'arbitrage, mais le salarié ne pourra s'y voir attrait malgré lui.

En matière internationale, en revanche, la clause compromissoire n'est soumise à aucune condition ni de forme, ni de fond, depuis le célèbre arrêt *Zanzi* de la Cour de cassation, qui a consacré, le 5 janvier 1999, un principe de validité de la clause compromissoire internationale (Civ. 1re, 5 janv. 1999, n° 96-21430), que ne peut limiter aucune loi nationale (Civ. 1re, 20 déc. 1993, *Dalico*, n° 91-16.828). Tout examen de la clause compromissoire internationale, notamment pour ce qui relève de l'existence et de la portée du consentement à celle-ci se fait au regard du principe de validité, véritable une règle matérielle.

Ce principe n'est que la dernière étape d'un autre principe, de plus en plus affirmé, celui de l'autonomie de la clause compromissoire par rapport au contrat qui la contient, principe forgé par la jurisprudence, pour l'arbitrage international aussi bien que pour l'arbitrage interne, avant d'être consacré par la loi. Il figure désormais à l'article 1447 C. pr. civ. qui énonce que « *La convention d'arbitrage est indépendante du contrat auquel elle se rapporte. Elle n'est pas affectée par l'inefficacité de celui-ci* ». La formule, qui n'appartient pas aux catégories juridiques traditionnelles, est large à dessein pour englober tout ce qui pourrait être invoqué à l'encontre du contrat principal : inexistence, annulation, rescision, caducité, résolution, résiliation, opposition, etc. L'« inefficacité », recouvre tout : rien ne peut être invoqué à l'encontre du contrat principal qui puisse écarter la clause d'arbitrage. En quelque sorte, elle est autonome, mais elle est là pour lui. L'autonomie est d'ailleurs dans les deux sens puisque le second alinéa de cet article (« *Lorsqu'elle est nulle, la clause compromissoire est réputée non écrite* ») bilatéralise la règle : le sort de la clause compromissoire n'affecte pas non plus celui du contrat principal. La sanction de la clause compromissoire nulle est donc simplement l'éradication, sans perturber le reste du contrat. C'est logique s'agissant de deux contrats indépendants : l'un à objet substantiel, l'autre à objet processuel. Cette autonomie s'est du reste étendue aux clauses de compétence (ex. Civ. 1re, 8 juill. 2010, n° 07-17.788 ; Régl. UE n° 1215/2012, 22 déc. 2012, spéc. art. 25, al. 2) et aux clauses de règlement amiable, la clause compromissoire ayant servi de modèle aux clauses de conciliation/médiation (Civ. 2e, 6 juill. 2000, n° 98-17.827). Le projet d'ordonnance de réforme du droit des contrats du 10 février 2016 prévoit d'ailleurs expressément, au futur article 1230 du Code civil, que la résolution du contrat n'affecte pas la clause relative au règlement des différends.

Ce régime très favorable à la validité de la clause compromissoire a été complété par un renforcement de l'efficacité de la clause, notamment dans ses effets à l'égard des tiers. Sur ce point, une convergence doit être soulignée entre la clause compromissoire interne et la clause compromissoire internationale qui circulent l'une et l'autre facilement avec les contrats qui leur servent de support. C'est notamment le cas, désormais, pour la cession de contrat, la cession de créance, la cession d'un bordereau de créances professionnelles, la substitution de personnes dans un rapport d'obligation, comme par exemple la substitution de mandataires ou la substitution de bénéficiaires dans une promesse de vente, la subrogation personnelle, la stipulation pour autrui ou encore les chaînes de contrats translatifs. Ces solutions ont également inspiré celles que la jurisprudence a partiellement consacrées en faveur des clauses de compétence et de conciliation/médiation. De ces différents éléments, on peut déduire que le droit français se caractérise par une infinie faveur pour la clause compromissoire. Faveur qui profite de même au compromis lequel, de son côté, a inspiré les rédacteurs du nouveau Code de procédure civile quand ils ont conçu la requête conjointe (art. 57 C. pr. civ.).

B – Le compromis d'arbitrage

Le compromis est beaucoup moins utilisé en pratique parce qu'il suppose un accord des parties alors qu'un litige les oppose déjà. L'article 1442, alinéa 3, C. pr. civ. le définit en effet comme « *la convention par laquelle les parties à un litige soumettent celui-ci à l'arbitrage* ». Comme la clause compromissoire, le compromis est régi, à la fois, par les dispositions précitées du Code civil en ce qui concerne l'arbitrabilité et par des textes spécifiques figurant dans le Code de procédure civile.

En matière interne, les conditions de validité de forme du compromis sont à la fois identiques et différentes à celles de la clause compromissoire interne. Identiques car, comme pour la clause compromissoire, le compromis doit être conclu par écrit, à titre de validité, et doit désigner l'arbitre ou indiquer des modalités de sa désignation. Différentes, les conditions de forme le sont en ce qu'il existe une condition supplémentaire pour le compromis, posée à l'article 1445 : « *À peine de nullité, le compromis doit déterminer l'objet du litige* ». Cette exigence est logique puisque, à l'inverse de ce qu'il en est pour la clause compromissoire, le litige est déjà né et le compromis ne vaudra que pour le trancher. Il faut donc qu'il soit bien défini. Sur les conditions de fond du compromis, les solutions sont relativement différentes de la clause compromissoire pour deux raisons : d'une part, parce que le compromis ne figurant pas dans le contrat principal, il jouit d'une autonomie naturelle qui n'a pas eu besoin de la construction jurisprudentielle dont a bénéficié la clause compromissoire. D'autre part, parce qu'il n'est pas soumis aux limites prévues à l'article 2061 du Code civil qui, comme on l'a relevé, n'autorise les clauses compromissoires que dans les contrats conclus dans un cadre professionnel. Le champ d'application du compromis d'arbitrage est donc beaucoup plus vaste que celui de la clause compromissoire, et n'est limité que par la libre disponibilité des droits posée aux articles 2059 et 2060 du Code civil. Rien n'empêche, par exemple, de faire trancher les aspects patrimoniaux d'un divorce ou d'une succession par la voie de l'arbitrage, dès lors que l'acte qui en est à l'origine est un compromis.

En matière internationale, les choses sont plus incertaines parce que les compromis internationaux étant rarissimes, la jurisprudence n'a pas eu l'occasion de définir précisément leur régime juridique. La Cour d'appel de Paris a même énoncé à plusieurs reprises que la distinction entre clause compromissoire et compromis était abolie en matière internationale, ce qui revient à éliminer le compromis d'arbitrage. Cette affirmation ne convainc pas et on ne comprend pas pourquoi il n'y aurait pas de compromis en matière internationale – surtout avec le critère économique de l'internationalité qui fait facilement basculer dans l'empire de l'arbitrage international.

Une fois la convention d'arbitrage conclue, il convient de constituer le tribunal arbitral.

III – Le tribunal arbitral

Comme son nom l'indique, le « tribunal » arbitral est une véritable juridiction qui rend une décision de justice ayant l'autorité de la chose jugée (art. 1484 C. pr. civ.). Toutefois, pour que cette décision soit valable, il est nécessaire que le tribunal arbitral ait été valablement constitué. L'arbitre étant un véritable juge (Th. Clay, *L'arbitre*, Dalloz, 2001), il est indispensable qu'il rende sa sentence en toute indépendance et impartialité. Si cette règle siège dans le Code de procédure civile (art. 1456 C. pr. civ.), elle relève surtout du droit naturel, des principes constitutionnels français et du droit au procès équitable tel qu'il s'évince de l'article 6 § 1er de la Convention européenne des droits de l'homme. Elle est donc applicable tant en matière interne qu'internationale et la jurisprudence française y veille avec un soin particulier. Plus précisément encore, comme il s'agit d'un juge nommé par les parties, la question de l'indépendance est analysée par le Code de procédure civile principalement au regard des liens qui unissent l'arbitre et les parties. Il pèse en effet sur l'arbitre une obligation de révélation de ces liens, et plus généralement de « toute circonstance susceptible d'affecter son indépendance ou son impartialité » (art. 1456, al. 2, C. pr. civ.), laquelle est interprétée largement par la jurisprudence étendant par exemple ce qui doit être divulgué aux liens des arbitres avec les conseils. Si l'arbitre s'abstient de révéler ce qui peut affecter son indépendance ou son impartialité, dans l'esprit des parties bien sûr, il prend le risque de la récusation, ou de l'annulation de la sentence arbitrale et s'expose même à voir sa responsabilité civile engagée. En revanche, ce n'est pas parce qu'il porte à la connaissance des parties certains éléments qu'il sera automatiquement récusé. D'une part, parce que – et c'est le cas le plus fréquent – les parties dûment informées confirment l'arbitre et, ce faisant, purgent l'élément révélé de toute litigiosité l'empêchant d'être invoqué plus tard au soutien d'une récusation ou d'une demande d'annulation de la sentence. D'autre part, parce que, même si une partie veut récuser l'arbitre, parfois en prenant prétexte d'un fait anodin révélé, celui-ci peut décider de se maintenir et c'est alors le juge d'appui ou le centre d'arbitrage, s'il y en a un, qui statuera sur le maintien ou non de l'arbitre. Si la décision émane du juge d'appui, elle sera revêtue de l'autorité de chose jugée. Mais si elle émane du centre d'arbitrage elle ne s'imposera pas à l'éventuel juge du recours. L'indépendance et l'impartialité sont les principales qualités requises pour être arbitres. En matière internationale, ce sont les seules puisqu'aucune condition particulière n'est exigée des arbitres, qui peuvent même être des personnes morales. En matière interne, l'arbitre doit présenter deux caractéristiques assez élémentaires : il doit être une personne physique et doit jouir du « *plein exercice de ses droits* » (art. 1450 C. pr. civ.).

Dans l'arbitrage interne comme international, rien n'empêche les parties de poser des exigences supplémentaires, en requérant par exemple des aptitudes techniques particulières ou des compétences linguistiques spécifiques. Le nombre d'arbitres est aussi laissé à la discrétion des parties, à condition que ce soit un nombre impair, encore que la parité soit possible en matière internationale. En réalité, le pivot du système est le juge d'appui qui pallie toutes les carences de la convention d'arbitrage, au moins en matière internationale, et toutes les difficultés de constitution du tribunal arbitral. Il peut être saisi par une partie ou par un arbitre seul, ce qui rend chaque arbitre responsable de l'ensemble de l'évolution de la procédure, notamment en cas de risque de dépassement de délai. Ce juge d'appui est d'autant plus efficace qu'il statue comme en matière de référé, c'est-à-dire rapidement et par une décision de fond, contre laquelle le recours ne sera ouvert que si elle n'est pas favorable à l'arbitrage. Dans le cas contraire, aucun recours n'est possible. Cette asymétrie souligne, comme on l'a déjà relevé, la faveur du droit français pour l'arbitrage. Lorsque l'arbitrage se déroule sous l'égide d'un centre d'arbitrage, c'est naturellement à celui-ci qu'il appartient de résoudre ces difficultés. Mais, en général, l'institution d'arbitrage joue son rôle en amont, en accompagnant le choix des arbitres par les parties, soit en leur suggérant des noms d'arbitres, par exemple sous forme de listes d'arbitres, le plus souvent des listes ouvertes, soit en agréant, ou en refusant, les noms proposés par les parties. Un élément important de l'efficacité de l'arbitrage tient au fait que si les parties veulent contester la compétence du tribunal arbitral, elles ne peuvent le faire que devant lui, et non devant la juridiction étatique, à moins que la clause compromissoire soit manifestement nulle et que le tribunal arbitral ne soit pas encore constitué. Ce principe dit « compétence-compétence » est affirmé en droit français de l'arbitrage interne et international depuis le début du XIXe siècle et permet de contrer toute une série de manœuvres dilatoires qui pourraient tenter certaines parties. On le retrouve d'ailleurs dans de nombreuses autres législations nationales.

Un dernier point doit être précisé en ce qui concerne les arbitres : ils sont liés aux parties par un contrat qui – pour ne faire que rarement l'objet d'un *instrumentum*, même si la pratique se développe, aidée par les contrat-types qui se multiplient – existe bien. Ce « contrat d'arbitre », comme l'ont baptisé doctrine et jurisprudence, est conclu en exécution de la convention d'arbitrage et engage cette fois-ci, d'un côté, chaque arbitre et, de l'autre, les litigants réunis dans une partie contractante plurale. C'est ce contrat qui investit l'arbitre de sa mission juridictionnelle et il n'est d'ailleurs pas lié aux autres arbitres par contrat. Il y a autant de contrats d'arbitre que d'arbitres. Débiteurs de l'obligation essentielle de rendre une sentence arbitrale après une instance respectueuse des garanties fondamentales de bonne justice et dans les délais prévus, l'arbitre est créancier de l'obligation incombant solidairement aux litigants de lui verser des honoraires et de lui rembourser les frais qu'il avance pour exécuter sa mission. En général, les honoraires – quand il y en a, ce qui n'est pas toujours le cas – sont versés par provision au moment où le tribunal arbitral se constitue. C'est d'ailleurs à ce moment-là que, souvent, la question est évoquée entre arbitres et parties. Quant à la question du montant de ces honoraires, sur laquelle nous reviendrons plus loin, on observe qu'il n'existe pas de règle uniforme et même une forte disparité des honoraires. Rien de commun en effet entre un arbitrage interne *ad hoc* dans un secteur professionnel assez étroit après une instance rapide et un arbitrage international, organisé sous l'égide d'un centre d'arbitrage important et qui se déroule sur plusieurs années et dans plusieurs pays. Les usages ne sont pas les mêmes et cela tient aux multiples pratiques possibles de l'arbitrage. Naturellement, l'inexécution totale ou partielle du contrat d'arbitre peut donner lieu à une action en responsabilité civile contractuelle, tant à l'encontre de l'arbitre qu'à l'égard des litigants qui peuvent par exemple être poursuivis en recouvrement d'honoraires. Toutefois l'arbitre, parce qu'il est investi d'une mission juridictionnelle, bénéficie d'une immunité qui cède, comme pour le juge étatique, en cas « *de preuve de faits propres à caractériser une faute personnelle équipollente au dol ou constitutive d'une fraude, d'une faute lourde ou d'un déni de justice* » a énoncé l'arrêt *Azran* (Civ. 1re, 15 janv. 2014, n° 11-17.196). Dans la jurisprudence, on relève que la responsabilité des arbitres a été principalement retenue pour des manquements à l'indépendance ou à l'impartialité, pour des démissions intempestives et pour des dépassements de délai, car cela revient à usurper la qualité d'arbitre et à prolonger exagérément l'instance arbitrale.

IV – L'instance arbitrale

L'instance arbitrale suit le même schéma que l'instance judiciaire, même s'il lui est permis de s'affranchir de la plupart des règles du procès judiciaire. En revanche, les principes directeurs du procès civil s'appliquent, du moins ceux qui sont transposables à l'instance arbitrale, et il n'est pas permis d'y déroger, du moins dans l'arbitrage interne (art. 1464 C. pr. civ.). Ainsi que l'a écrit le doyen Gérard Cornu : « *Les principes écartés font place aux règles qui reflètent les particularités de l'arbitrage* » (« Les principes directeurs par eux-mêmes. Fragments d'un état des questions », *in Mélanges Pierre Bellet*, Litec, 1991, p. 84). Parce que l'arbitrage a une origine conventionnelle, les parties en ont seules la maîtrise : d'où l'éviction des articles 1er à 3. De même, il n'a d'effet qu'à l'égard des parties : d'où l'impossibilité d'enjoindre aux tiers une production de pièces aux débats. Parce que l'arbitrage met en œuvre une justice privée, l'arbitre ne dispose pas de l'*imperium* : d'où l'impossibilité, pour lui, d'ordonner saisies conservatoires et sûretés judiciaires (art. 1468, al. 1er, C. pr. civ.). Mais l'arbitrage obéit aussi à ses propres principes directeurs, énoncés depuis 2011 dans le Code de procédure civile, à savoir la loyauté, la célérité et la confidentialité.

Même si pour cette dernière il existe une incertitude en ce qui concerne l'arbitrage international, il est bien évident que la confidentialité constitue un des atouts majeurs de l'arbitrage. Elle est souvent la raison pour laquelle il est privilégié par rapport à la justice judiciaire, notamment dans des affaires sensibles. On notera aussi que le ministère d'avocat n'est pas obligatoire devant un tribunal arbitral. Mais il faut reconnaître qu'en pratique, ce sont presque toujours des avocats qui représentent les parties.

Bien que le Code de procédure civile n'en fasse pas mention, l'instance arbitrale débute souvent par l'établissement d'un acte de mission par lequel les arbitres et les parties vont s'accorder sur les modalités de déroulement de l'instance. L'acte de mission, qui est visé dans la plupart des règlements d'arbitrage, contient aussi parfois le calendrier de procédure, même si, de plus en plus, il fait plutôt l'objet d'une ordonnance de procédure indépendante. Il est également fréquent que, au long de l'instance, le tribunal arbitral soit amené à prendre des décisions de procédure. Le plus souvent elles seront prises sous la forme d'ordonnances, signées du seul président, sur délégation de l'ensemble du tribunal arbitral.

En ce qui concerne les délais pour obtenir la sentence, la règle n'est pas la même en matière interne et internationale. Alors que rien n'est précisé pour l'arbitrage international sur ce point, l'instance arbitrale interne est toujours enfermée dans un délai de six mois, sauf si les parties en décident autrement. Ce délai peut être prorogé par les parties, le juge d'appui ou l'institution d'arbitrage, mais pas par les arbitres. Mais chacun d'entre eux peut solliciter le juge d'appui pour obtenir la prorogation et doit même le faire si nécessaire pour éviter le dépassement du délai. Les règles relatives à l'interruption d'instance sont celles du procès judiciaire. L'intervention du juge d'appui pour proroger les délais confirme la forte collaboration du juge judiciaire et de l'arbitre pour parvenir à la meilleure sentence possible. L'existence d'une convention d'arbitrage n'empêche ainsi pas de saisir le juge des référés afin d'obtenir une mesure conservatoire ou provisoire dès lors que les conditions de sa saisine sont réunies et que la mesure ne peut pas être demandée au tribunal arbitral lui-même car il n'est pas encore constitué. En effet, une fois que c'est le cas, le tribunal arbitral concentre toutes les demandes, même celles qui sont urgentes. Mais avant sa constitution, le recours au juge judiciaire est nécessaire pour obtenir des mesures d'instruction ou des mesures provisoires ou conservatoires. Dans le premier cas, conformément à l'article 145 du Code de procédure civile, la seule exigence est que la demande soit faite avant tout procès, sans condition d'urgence, alors que dans le second cas, l'urgence est requise – ce qui n'est pas le cas en droit commun – et s'ajoute donc à l'exigence que le tribunal arbitral ne soit pas encore constitué. Cette possibilité de saisine du juge des référés est fort utile car elle permet de pallier le caractère non permanent de la juridiction arbitrale, ainsi que le fait que l'arbitre soit dépourvu d'*imperium*. Elle peut se révéler décisive lorsqu'existe un risque d'évaporation des actifs ou de déperdition des preuves. Ce n'est qu'à cette condition qu'une sentence efficace pourra être rendue.

V – La sentence arbitrale et les recours

S'il est certain que le régime juridique de la sentence arbitrale diverge dans l'arbitrage interne et l'arbitrage international, il n'en demeure pas moins que, dans l'un comme dans l'autre cas, l'arbitre peut statuer soit en droit, soit en équité si les parties lui ont expressément conféré les pouvoirs d'amiable compositeur. Cette dernière hypothèse renforce encore plus le caractère alternatif de l'arbitrage par rapport au procès judiciaire classique, même si, comme on l'a déjà relevé, les principes directeurs du procès sont toujours applicables et même si l'amiable composition judiciaire est prévue dans le Code de procédure civile (art. 12, al. 4, C. pr. civ., v. *infra*). Une précision est apportée en matière internationale pour laquelle il est prévu que l'arbitre tient toujours compte des usages du commerce international (art. 1511, al. 2, C. pr. civ.).

La sentence interne doit contenir un certain nombre d'indications, énoncées à l'article 1481, à peine de nullité pour la plupart, comme le nom des arbitres, la date de la sentence, le lieu où elle a été rendue ou encore la signature des arbitres. La sentence internationale, en revanche, est dégagée de ces contraintes, sauf la signature, même si, en pratique, toutes les sentences comportent l'ensemble de ces mentions. Néanmoins la sentence internationale peut n'être signée que du seul président, ce qui sera très utile pour ne pas être prisonnier de coarbitres symétriquement outranciers. La motivation de la sentence est également exigée (art. 1482 C. pr. civ.), tant dans l'arbitrage interne que dans l'arbitrage international sans que, dans ce second cas, ce soit une règle d'ordre public.

Le régime des recours varie, lui, sensiblement, selon qu'il s'agit d'arbitrage interne ou international. Pour le premier, sont toujours ouverts le recours en annulation, la tierce opposition et le recours en révision. Les parties peuvent également expressément se laisser la possibilité de faire appel (art. 1489, al. 2, C. pr. civ.), renonçant ainsi exceptionnellement au recours en annulation. Pour le second, en revanche, l'appel et la tierce opposition sont fermés, le recours en révision est toujours possible, et les parties peuvent renoncer au recours en annulation par une convention spéciale (art. 1522 C. pr. civ.). On notera que le recours en révision est légèrement différent selon que l'arbitrage est interne ou international car si, dans les deux cas, c'est bien devant le tribunal arbitral qui a rendu la sentence qu'il doit être porté, la solution change quand ce tribunal ne peut pas être à nouveau réuni : c'est alors la Cour d'appel, qui eût été compétente pour les autres recours, qui est compétente en matière interne, alors que c'est un autre tribunal arbitral qui devra être constitué en matière internationale. On voit dans cette différence la volonté de détacher l'arbitrage international de toute intervention d'un juge étatique relativement au fond du dossier.

Le recours en annulation, que l'on peut qualifier de recours de droit commun en matière d'arbitrage, n'est ouvert que pour des causes graves : erreur sur la compétence ou l'incompétence arbitrale, tribunal irrégulièrement constitué, non-respect de sa mission par l'arbitre, violation du principe du contradictoire et violation de l'ordre public (interne ou international selon le type d'arbitrage). En matière interne, s'ajoute un cas d'annulation : l'absence de certaines des mentions qui doivent figurer dans les sentences. Les causes d'annulation des sentences sont donc très réduites, ce qui contribue à l'efficacité de l'arbitrage, d'autant que le juge du recours ne conçoit son pouvoir de contrôle que de manière limitée, sauf pour ce qui concerne le contrôle de la compétence, et s'interdit toute vérification du bien ou mal jugé de la sentence. En matière interne, les annulations de sentences sont plus fréquentes, même si elles restent exceptionnelles. Dans ce cas-là, lorsque la cour d'appel annule la sentence, elle statue sur le fond dans les limites de la mission qui avait été attribuée à l'arbitre, sauf volonté contraire des parties (art. 1490 C. pr. civ.), cette règle ne jouant pas en matière internationale.

La sentence, une fois rendue, en France comme à l'étranger, ne pourra donner lieu à une exécution forcée que si elle est d'abord notifiée, puis revêtue de l'*exequatur*. C'est d'ailleurs bien dans cet ordre que se déroulent désormais les choses puisqu'il n'est plus nécessaire, depuis 2011, que la sentence soit préalablement revêtue de l'*exequatur* avant d'être signifiée. Mieux encore, l'exigence d'une signification a cédé la place à une simple notification, si les parties l'ont voulu. Celle-ci peut donc être faite dans des formes conventionnellement prévues, notamment par voie simplement électronique. Cela facilite considérablement l'exécution de la sentence, en particulier lorsque le destinataire se situe à l'étranger, ce qui pourrait rendre la signification difficile. Pour que la notification soit valable, il faut simplement que les mentions prévues à l'article 680 du Code de procédure civile figurent bien dans l'acte de notification.

La procédure d'*exequatur* est également très simple puisqu'elle se déroule sur requête, devant le tribunal de grande instance statuant à juge unique du ressort dans lequel cette sentence a été rendue, ou de celui de Paris si la sentence a été rendue à l'étranger. Pour obtenir l'*exequatur*, il suffit de produire un original de la sentence et un exemplaire de la convention d'arbitrage qui a fondé la compétence des arbitres. En matière internationale, des copies suffisent. L'*exequatur* ne peut être refusée que si la sentence est « *manifestement contraire à l'ordre public* » interne (art. 1488 C. pr. civ.) ou international (art. 1514 C. pr. civ.), ce qui n'arrive quasiment jamais. Le recours contre l'ordonnance d'*exequatur* se fait sur la base des mêmes griefs que ceux du recours en annulation exposés ci-dessus, sachant que, lorsque la sentence, interne ou internationale, est rendue en France, le recours en annulation absorbe l'appel de l'ordonnance d'*exequatur* et que si celui-ci est rejeté, il vaudra *exequatur*.

Ces règles, qui restreignent considérablement la possibilité de remettre en cause les sentences arbitrales, contribuent aussi à faire de l'arbitrage un MARC particulièrement efficace. Non seulement, il met définitivement fin au litige, mais en plus la sentence arbitrale est une décision de justice à part entière, avec toute l'autorité qui s'y attache. C'est l'incontestable supériorité de l'arbitrage sur les autres modes extrajudiciaires de règlement des conflits.

Section 2
Les autres modes alternatifs de règlement extrajudiciaire des conflits

La caractéristique principale et commune à tous les modes alternatifs extrajudiciaires est qu'ils se déroulent en dehors de l'institution judiciaire (*out of court*), entendue au sens large des institutions publiques chargées de rendre la justice, ce qui inclut aussi bien la justice judiciaire, *stricto sensu*, que la justice administrative. C'est même leur principale raison d'être. Lorsque les parties font le choix de résoudre leur litige en évitant la justice étatique, elles décident d'opter pour des formules plus souples, qui ne peuvent les contraindre qu'avec leur accord. La contrepartie de ce choix est que la force obligatoire de la décision adoptée est moindre que celle d'une décision de justice judiciaire ou arbitrale. Toutefois, lorsque le choix du MARC se fait dès le contrat d'origine, dans une de ses clauses, les parties seront tenues, une fois le différend né, de mettre en œuvre ce MARC avant de saisir un juge judiciaire. Un important arrêt rendu par une chambre mixte de la Cour de cassation le 14 février 2003 (Cass., ch. mixte, 14 févr. 2003, n° 00-19.423 et 00-19.424) a ainsi clairement posé, après que la jurisprudence française eut quelque peu balbutié sur ce sujet, qu'une clause préalable de conciliation impose aux parties de tenter cette conciliation – mais non pas de la réussir – et crée même une irrecevabilité si le juge est saisi sans qu'une conciliation ait été tentée. Cette jurisprudence a d'ailleurs essaimé puisque la solution a ensuite été étendue en jurisprudence aux clauses d'expertise (Com. 22 oct. 2012, n° 11-23.864) et que le législateur s'en est inspiré pour imposer la conciliation préalable obligatoire avant tout procès dans certains secteurs, comme pour les créanciers financiers d'un débiteur placé en procédure dite de sauvegarde accélérée (art. L. 628-1 et s. C. com., réd. L. n° 2010-1249, 22 oct. 2010). Elle pourrait être prochainement étendue à certaines procédures juridictionnelles de droit commun, au-delà de l'incitation actuellement prévue par les articles 56 (assignation) et 58 (déclaration et requête) C. pr. civ. (réd. Décr. n° 2015-282, 11 mars 2015).

Le législateur lui-même est venu donner l'ampleur qu'il fallait à ces MARC extrajudiciaires par un important décret du 20 janvier 2012 qui a ajouté un livre V au Code de procédure civile intitulé « La résolution amiable des différends » (Décr. n° 2012-66). Ce n'est pas rien. Ce choix législatif est un acte symbolique fort puisque le Code de procédure civile, qui est principalement un code des procédures judiciaires, traite ainsi de procédés extrajudiciaires de règlement des différends. Cet ajout exprime bien la conception que se fait le droit français des techniques contractuelles de résolution des litiges et de la politique de faveur qu'il entretient à leur égard. Ces procédés de résolution extrajudiciaire des différends se caractérisent par une grande disparité rendant malaisée toute tentative de classification qui se voudrait exhaustive. Il est pourtant possible de partir des principaux types de MARC extrajudiciaires et de les décliner pour couvrir les schémas existants, d'autant plus que les deux premiers ont tendance à être confondus au point que les terminologies sont parfois interchangeables. Ces principaux types, qui se retrouvent d'ailleurs dans la plupart des systèmes juridiques, sont la conciliation (I), la médiation (II), la procédure participative (III) et la transaction, parfois issue des premiers, parfois indépendante (IV).

I – La conciliation extrajudiciaire

Le droit français connaît de longue date des procédures de conciliation judiciaire qui, dans certains cas, peuvent être déléguées par le juge à un tiers conciliateur comme, par exemple, le conciliateur de justice. Mais, en dehors de cette délégation judiciaire, la première vocation des conciliateurs de justice est d'assurer des missions de conciliation extrajudiciaire. Un décret n° 78-381 du 20 mars 1978, plusieurs fois modifié, en précise le régime et fixe le statut des conciliateurs de justice.

Le conciliateur de justice est nommé pour une période d'un an, à l'issue de laquelle il peut être reconduit dans ses fonctions pour deux ans renouvelables. Cette nomination, qui est faite par le Premier président de la Cour d'appel, intervient sur proposition du juge d'instance, après avis du Procureur général près la Cour d'appel. Le conciliateur de justice doit jouir de ses droits civils et politiques, n'être investi d'aucun mandat électif dans le ressort de la Cour d'appel où il exerce ses fonctions après avoir prêté serment et jouir d'une expérience juridique d'au moins trois ans. Les fonctions de conciliateur de justice ne sont pas incompatibles avec celles de suppléant de juge d'instance. L'ordonnance nommant le conciliateur de justice détermine la circonscription dans laquelle il exerce ses fonctions et qui correspond, en principe, au ressort d'un tribunal d'instance ; elle indique d'ailleurs le tribunal d'instance auprès duquel le conciliateur de justice devra déposer les procès-verbaux des conciliations auxquelles il a procédé. Au 1er janvier 2015, les conciliateurs de justice étaient au nombre de 1894, exerçant bénévolement leurs fonctions, sous réserve de leur défraiement pour certaines dépenses exposées dans l'accomplissement de leur tâche.

La mission du conciliateur de justice est « *de rechercher le règlement amiable d'un différend dans les conditions et selon les modalités prévues au code de procédure civile* » (Décret du 20 mars 1978, art. 1er). Le conciliateur de justice est saisi par les parties. Cette saisine n'est soumise à aucune forme et n'a aucun des effets processuels qui s'attachent à la demande en justice ; notamment, elle n'interrompt, ni ne suspend les délais de prescription, de déchéance ou de forclusion. Le conciliateur de justice peut entendre les parties – accompagnées si elles veulent par une personne de leur choix – ainsi que toute personne dont l'audition lui paraît utile à la solution du différend, et se rendre sur les lieux. Il est tenu au secret : les informations qu'il recueille ou les constatations auxquelles il procède ne sauraient être diffusées. Cette confidentialité est une des conditions du succès de la conciliation car elle est de nature à susciter la confiance des parties. En cas de conciliation, même partielle, il peut être établi un constat d'accord signé par les parties et le conciliateur de justice. La rédaction d'un constat est obligatoire lorsque la conciliation a pour effet la renonciation à un droit. Un exemplaire de ce procès-verbal est déposé au greffe du tribunal d'instance dont relève le conciliateur de justice. D'ailleurs, dès lors que les parties en ont exprimé la volonté dans l'acte constatant leur accord, le juge d'instance peut donner force exécutoire à l'acte exprimant cet accord.

La conciliation extrajudiciaire ainsi organisée par le décret du 20 mars 1978 est bien adaptée aux petits litiges civils, comme ceux du contentieux de la consommation, du voisinage ou des rapports locatifs. En 2014, les conciliateurs de justice ont été saisis de 188 926 affaires (à comparer avec les 669 108 affaires portées devant les tribunaux d'instance et les juridictions de proximité). 58 025 de ces affaires ont été conciliées, avec un taux de réussite de 58,1 %. C'est loin d'être négligeable. La médiation extrajudiciaire, beaucoup plus souple, peut répondre à d'autres besoins.

II – La médiation extrajudiciaire

Si le modèle de la conciliation n'emprunte pas une infinie variété de formes différentes, il n'en va pas de même pour la médiation qui est assurément polymorphe. En dehors de la médiation judiciaire, la médiation conventionnelle est un MARC qui se développe de plus en plus selon des chemins très divers. Les modèles de médiation extrajudiciaire sont plus ou moins contraignants. D'une médiation entièrement soumise au souhait des parties (A), on passe à une médiation encadrée par un règlement que les parties se sont elles-mêmes donné (B), voire à une forme de médiation qui s'impose parfois aux parties sans que l'on soit toujours certain qu'elles l'ont réellement voulue (C).

A – La médiation purement conventionnelle

Il existe tout d'abord une version totalement libre de la médiation conventionnelle, c'est-à-dire une médiation organisée comme les parties le veulent, sans contrainte ni forme imposée. Quel que soit le conflit, les parties peuvent s'entendre pour qu'un tiers les rapproche et leur permette de parvenir à un accord. Cette forme épurée de la médiation n'aura que la force obligatoire que les parties voudront bien lui donner, à moins qu'elle aboutisse à une transaction, si les parties ont la libre disposition de leurs droits. Dans ce cas, la loi offre aux parties la possibilité de renforcer l'autorité de leur accord en lui conférant force exécutoire moyennant saisine du juge à cet effet.

C'est dans ce cadre que s'inscrit le nouveau titre du livre V du Code de la consommation, intitulé « Médiation des litiges de consommation » (art. L. et R. 151-1 et s.), introduit par une ordonnance n° 2015-10033 du 20 août 2015 (compl. Décr. n° 2015-1382, 30 oct. 2015) en transposition de la directive du 21 mai 2013 dite *Règlement extrajudiciaire des litiges* (B. Mallet-Bricout, « Médiation et droit de la consommation : une avancée vers la généralisation du règlement extrajudiciaire des litiges », *RTD civ.* 2015. 952 et s.). Ce texte facilite pour les consommateurs le recours à des modes de résolution amiable des litiges les opposant à des professionnels et résultant de l'exécution ou de l'inexécution, totale ou partielle, de contrats de vente de marchandises ou de fourniture de prestations de services. Ainsi, par exemple, les professionnels devront permettre à chaque consommateur de pouvoir recourir à un dispositif de médiation gratuite, mené par un médiateur présentant des garanties de compétence, d'indépendance et d'impartialité, et agissant avec diligence.

Depuis le 15 février 2016, il existe un site internet destiné à faciliter la médiation en matière de consommation (www.mediation-conso.fr). On y trouve les informations relatives à la procédure de médiation, la liste des médiateurs reconnus par la commission d'évaluation et de contrôle de la médiation de la consommation, et on peut même y déposer une demande en ligne accompagnée des documents justificatifs (art. 154-1 C. consom.). Sur la base du Règlement européen du 21 mai 2013, la commission européenne, de son côté, a ouvert une plateforme de règlement en ligne des litiges de la consommation, accessible également depuis le 15 février 2016 (http://ec.europa.eu/consumers/odr), à laquelle sont connectés 117 organismes nationaux de règlement extrajudiciaire des litiges à travers dix-sept États membres (Commission UE, communiqué n° IP/16/297). C'est dire si tout est fait, tant au niveau français qu'européen, pour que le recours à la médiation en matière de consommation soit simplifié.

Plus encadrées sont d'autres médiations conventionnelles, organisées par des institutions privées.

B – Les médiations extrajudiciaires proposées par des institutions privées

Les institutions de médiation sont parfois des centres d'arbitrage qui ont élargi leur champ d'intervention. Le régime de la médiation institutionnelle s'inspire de celui de l'arbitrage institutionnel. Ces organismes proposent ainsi des règlements de médiation que les parties peuvent décider d'adopter pour résoudre leur différend. En France, les plus connus sont le Centre de Médiation et d'Arbitrage de Paris (CMAP), qui est une émanation de la Chambre de commerce et d'industrie de Paris, et la Chambre de commerce internationale. Les règles de cette médiation institutionnelle dépendent des règlements applicables. On retrouve pourtant des traits communs à tous les règlements, comme l'exigence d'indépendance et d'impartialité du médiateur, la nécessité que les parties se rencontrent, la présence seulement facultative d'un avocat, la souplesse des débats et des discussions. En revanche, le choix du médiateur est parfois la prérogative des parties, parfois une attribution du centre. De même, si les médiateurs sont souvent rémunérés, ce n'est pas toujours le cas, notamment lorsqu'ils interviennent dans un cadre corporatif ou très sectorisé.

L'accord, s'il se fait au moyen de concessions réciproques, pourra être qualifié de transaction. Par rapport à l'arbitrage, la médiation présente l'avantage d'offrir beaucoup plus de souplesse, permettant notamment au médiateur de s'entretenir avec les parties alternativement, et non pas toujours ensemble, voire avec une seule des parties. Extérieure à la justice étatique, la médiation n'en subit pas les règles contraignantes. Mais, en retour, l'accord n'aura bien sûr pas les attributs d'une décision de justice. Ce développement de la transaction, parallèle à celui de l'arbitrage, a parfois donné lieu à la mise en place de MARC hybrides, mi-médiation, mi-arbitrage, qui connaissent un succès croissant. On parle alors de *med-arb* dans lequel la médiation et l'arbitrage peuvent être combinés soit dans le temps, soit dans l'espace. Dans le *med-arb* ordinaire, *diachronique*, un arbitrage succède à une médiation en cas d'échec de cette dernière pour tout ou partie du litige, les deux phases du processus étant mises en œuvre devant la même personne, qui remplit donc deux missions successives. Dans le *med-arb* simultané, *synchronique*, les deux procédures sont mises en œuvre en même temps et indépendamment l'une de l'autre, ce qui est supposé garantir aux parties, sans perte de temps comme dans le *med-arb* ordinaire, une solution amiable ou imposée du litige. Dans ce cas, la médiation n'est plus un préalable à l'arbitrage. Cette deuxième formule permet d'éviter les objections que soulève la première en termes de cumul de fonctions, donc de confidentialité et d'impartialité du tiers saisi. Une telle métamorphose engendre en effet des conséquences rétroactives puisque la phase de médiation pourra le cas échéant être invoquée pendant la phase de l'arbitrage, à moins que les parties décident le contraire. On se livre moins, pendant la médiation, si on risque de voir se retourner ensuite ses confidences pendant l'arbitrage. Mais ce gain supposé de temps se fait au prix d'un renchérissement et d'un alourdissement de la procédure de règlement qui est une source d'inconvénient.

L'imagination contractuelle des institutions de règlement des litiges étant sans limite, on voit fleurir d'autres formules, comme l'« *arb-med* », à savoir l'arbitrage qui s'interrompt pour que s'engage une médiation, parfois avec le même tiers. Outre ces formules alternatives hybrides combinant médiation et arbitrage, les centres d'arbitrage et de médiation proposent à leurs adhérents une vaste palette de solutions alternatives au règlement juridictionnel des litiges, depuis la médiation jusqu'aux ORD, *Online Dispute Resolution*, en passant par l'avis technique amiable, l'évaluation juridique indépendante, les *dispute boards*, la décision sur dernière offre, le *mini trial* et la décision d'urgence.

Mais ce type de médiation extrajudiciaire n'est pas uniquement proposé par des institutions d'arbitrage. On le trouve également organisé dans certains secteurs d'activité soucieux d'éviter le recours aux tribunaux pour régler les conflits pouvant survenir avec leurs contractants. La médiation est alors proposée par une entreprise ou une organisation professionnelle. C'est ainsi que la RATP (Régie autonome des transports parisiens) et la SNCF (Société nationale des chemins de fer) ont créé leur propre médiateur et que, en 1993, le Comité de Liaison de l'Assurance, qui rassemble l'ensemble des entreprises d'assurances françaises, qu'elles appartiennent au secteur capitaliste ou mutualiste, a mis en place un dispositif de *Médiateur des assurances*, qui repose sur des chartes de médiation proposées aux compagnies d'assurances. Certaines les ont reprises, alors que d'autres ont créé leur propre processus de médiation. Les règles varient beaucoup selon les différents systèmes, si bien qu'il est difficile d'en tirer un enseignement général.

Ainsi, la nomination du médiateur ne se fait pas partout de la même manière, loin s'en faut. En général, la médiation est possible aussi bien dans les litiges entre assureurs et assurés qu'entre assureurs eux-mêmes. La procédure est sans formalisme et même sans frais pour l'assuré plaignant. Quant à l'avis finalement donné par le médiateur, il n'a pas la même force contraignante selon les différents systèmes : il est parfois facultatif, parfois impératif, parfois facultatif pour une partie et impératif pour l'autre. Bref, quoiqu'assez utilisée, la médiation en matière d'assurance souffre de l'absence d'un régime juridique uniforme. La récente réglementation de la médiation dans les litiges de la consommation devrait normalement s'appliquer à la médiation en assurance et contribuer ainsi à une harmonisation des médiations à l'œuvre dans ce domaine. C'est d'ailleurs ce qui s'est passé avec la médiation bancaire (art. L. 316-1 Code monétaire et financier).

La médiation conventionnelle offrant cependant, incontestablement, quelques motifs de satisfaction, elle a été institutionnalisée dans de nombreux domaines différents, y compris par la voie législative.

C – Les médiations extrajudiciaires organisées par la loi

Tout comme il existe des contrats déséquilibrés, il y a des litiges déséquilibrés, dans lesquels l'une des parties peut *a priori* sembler plus forte que l'autre. C'est en contemplation de ces contentieux que le législateur, à tort ou à raison, a consacré un nombre croissant de médiations extrajudiciaires au cours des trente dernières années. En l'absence de statistiques, il est très difficile d'avoir une idée de leur efficacité, mais on peut constater que ces médiations touchent des secteurs d'activité très divers, aussi bien publics (1) que privés (2).

1 – Médiations en matière publique

La procédure administrative non contentieuse en est le support traditionnel. La plus ancienne et la plus célèbre médiation publique, inspirée du modèle scandinave de l'*ombudsman*, est celle du *Défenseur des droits*, qui a notamment absorbé, en 2011, les missions du *Médiateur de la République* et du *Défenseur des enfants*. Il connaît des différends opposant les citoyens aux administrations de l'État (LO n° 2011-333, 29 mars 2011, compl. L. n° 2011-334, 29 mars 2011 et art. L. 424-1 Code des relations entre le public et l'administration). À sa suite, des médiateurs publics au petit pied se sont récemment développés dans de multiples secteurs. La liste en est impressionnante, au point qu'il existe maintenant un club des médiateurs de service au public qui recense tous ces médiateurs (http://www.clubdesmediateurs.fr) : *médiateur de l'Éducation nationale et de l'enseignement supérieur* (art. L. 23-10-1 Code de l'éducation) ; *médiateur des ministères économiques et financiers* (Décr. n° 2002-612, 26 avr. 2002) ; *médiateur national de l'énergie* (art. L. 122-1 et L. 122-5 Code de l'énergie), *médiateur de la Poste* (art. R. 1-1-18 Code de la poste et des télécommunications électroniques).

Ces médiations sont parfois assurées par des autorités publiques indépendantes : comme en matière postale, avec l'Autorité de régulation des communications électroniques et des postes (art. L. 5-7 et R. 1-2-9 et 1-2-10 du Code des postes et des télécommunications électroniques), en matière financière, avec l'Autorité des marchés financiers, qui dispose d'un médiateur propre (art. L. 621-19 Code des marchés financiers), ou par des commissions de type administratif ou para-administratif : comme en matière de *droit au logement opposable* (art. L. 441-2-3 Code de la construction et de l'habitation), de *marchés publics*, avec les Comités consultatifs de règlement amiable des différends ou litiges relatifs aux marchés publics (art. 127 Code des marchés publics) ou d'*accidents médicaux*, avec les Commissions régionales de conciliation et d'indemnisation des accidents médicaux, des affections iatrogènes et des infections nosocomiales, qui concernent des établissements publics et privés de santé (art. L. 1142-4 et s., R. 1142-1 et s. et D. 1142-1 et s. Code de la santé publique). On évoquera enfin la procédure organisée sous l'égide du Comité national olympique et sportif français qui concerne le plus souvent un conflit entre un sportif et sa fédération et qui, bien qu'elle prenne le nom de « conciliation », peut très bien être citée ici (http://franceolympique.com/art/54-conciliation.html). On est à la limite, parfois, du litige privé.

2 – Médiations en matière privée

Les hypothèses sont ici encore très diverses, elles sont individuelles ou collectives, et touchent désormais toutes les branches du droit.

Le plus souvent, la procédure de médiation est prévue par la loi dans des *contentieux mettant en cause une partie présumée faible* : consommateurs (avec la Commission de la médiation de la consommation : L. n° 2010-737, 1er juill. 2010), locataires (avec les Commissions départementales de conciliation pour le loyer des baux d'habitation et mixte : L. n° 89-462, 6 juill. 1989, compl. Décr. n° 2001-653, 19 juill. 2001), mais aussi clients des banques, en vue de la résolution d'un litige les opposant à un établissement de crédit, une société de financement, un établissement de monnaie électronique ou de paiement et relatif aux services fournis et à l'exécution des contrats spécialement visés par le Code monétaire et financier (art. L. 316-1).

Il est également fréquent qu'une procédure de médiation soit organisée par la loi pour régler des *litiges purement professionnels*. C'est ainsi qu'une loi de 1982 a instauré le *Médiateur du cinéma*, compétent pour les litiges entre producteurs et distributeurs de films (art. L. 213-1 à 8 Code du cinéma et de l'image animée), qu'en 1997 a été institué un médiateur *en matière de radiodiffusion, de télédiffusion par satellite et de transmission par câble d'une œuvre de l'esprit* (art. L. 132-20-2 et L. 217-3 Code de la propriété intellectuelle) et, en 2014, un *médiateur du livre* (L. n° 2014-344, 17 mars 2014, compl. Décr. n° 2014-936, 19 août 2014), qui a succédé au médiateur de l'édition publique. Rien n'empêche qu'une médiation soit également instituée entre parties de même niveau, comme par exemple le *Médiateur du crédit* créé en 2008 pour les entreprises connaissant des difficultés de financement ou le *Médiateur inter-entreprises*, créé en 2010, chargé de rétablir l'équilibre entre les donneurs d'ordre et les sous-traitants, par des médiations individuelles ou parfois collectives, ou encore le *Médiateur des relations commerciales agricoles*, créé en 2014, pour tous les litiges relatifs à la conclusion ou à l'exécution d'un contrat ayant pour objet la vente ou la livraison de produits agricoles ou alimentaires destinés à la revente ou à la transformation (art. L. 631-27 Code rural et de la pêche maritime).

Le *droit du travail* est aussi, traditionnellement, un terrain privilégié de la médiation. Précédant les dispositions sur l'arbitrage, le Code du travail prévoit aux articles L. 2523-1 à L. 2523-10 et R. 2523-1 à R. 2523-20 qu'une médiation peut être tentée en matière de conflits collectifs de travail. Celle-ci est engagée soit par le président de la commission de conciliation après l'échec d'une procédure de conciliation directe entre les parties prenantes, soit par l'autorité administrative, sur demande d'une des parties ou de sa propre initiative. Les parties s'entendent librement sur le nom du médiateur. À défaut, il sera choisi sur une liste nationale de personnalités désignées en fonction de leur autorité morale et de leur compétence économique et sociale, après consultation des organisations syndicales d'employeurs et de salariés représentatives au niveau national. La compétence du médiateur est cantonnée aux conflits d'ordre économique pour lesquels il a les plus larges pouvoirs d'investigation et d'enquête. Il peut ainsi requérir la production de pièces ou désigner des experts. Les parties font valoir leur prétention sous forme de mémoire communiqué contradictoirement à l'adversaire. Un mois après avoir été désigné, le médiateur doit soumettre aux parties une recommandation motivée de règlement du litige que celles-ci ont huit jours pour accepter ou refuser, le silence valant acceptation. En cas d'accord, les parties sont liées par la recommandation. En cas d'échec, le médiateur en informe le ministre chargé du travail. On constate donc que cette sorte de médiation reste relativement inféodée à la puissance publique.

Sur le terrain des litiges individuels, l'article L. 1152-6 du Code du travail prévoit aussi le cas particulier de la médiation en cas de harcèlement moral pour lesquelles les règles sont plus souples : elle peut être engagée tant par la personne qui se prétend victime que par celle qui est mise en cause, lesquelles choisissent ensemble et librement le médiateur. Celui-ci tente de rapprocher les parties, leur soumet des propositions consignées par écrit et leur indique les éventuelles sanctions encourues, ainsi que les garanties procédurales prévues en faveur de la victime. Hors cette hypothèse, une médiation conventionnelle n'est possible sur le fondement du droit commun du livre V du Code de procédure civile qu'en cas de différends s'élevant à l'occasion d'un contrat de travail lorsque ceux-ci sont de nature transfrontalière au sens de l'article 24 de la loi du 8 février 1995 relative à l'organisation des juridictions et à la procédure civile, pénale et administrative (art. R. 1471-1 et R. 1471-2 C. trav.).

Même si elles empruntent souvent le nom de « conciliation », on doit enfin évoquer les hypothèses de médiations organisées par la loi *en matière défaillance économique*, qu'il s'agisse des procédures de règlement amiable prévues pour les entreprises artisanales et commerciales (art. L. 611-4 et s. Code de commerce), ainsi que pour les exploitations agricoles (art. L. 351-1 à L. 351-7 et R. 351-1 à R. 351-7 et R. 355-2 Code rural et de la pêche maritime), ou bien de la procédure de traitement du surendettement des ménages (art. L. 330-1 et s. et R. 331-1 et s. Code de la consommation). Ces procédures, confiées, tantôt, à un médiateur *ad hoc* (comme pour les exploitations agricoles et les entreprises commerciales ou artisanales), tantôt à une commission permanente (comme pour les ménages), sont des procédures collectives en ce sens qu'elles se déroulent entre le débiteur et ses créanciers. Lorsque la conciliation réussit, elle se traduit par un plan conventionnel de redressement de la situation du débiteur. En cas d'échec, elle aboutit à une procédure judiciaire de règlement des dettes au moyen, le cas échéant, de la liquidation des biens du débiteur. Ces procédures amiables sont donc fortement ticulées aux procédures juridictionnelles dont elles sont, en quelque sorte, un préalable, obéissant cependant à un régime variable selon les cas.

L'objectif d'une médiation, quelle que soit sa forme, reste de parvenir à un accord, qui prend le plus souvent la qualification juridique de transaction. Parfois celui-ci se fait grâce à une procédure participative.

III – La procédure participative

Le 1er septembre 2011 a été introduite en France la convention de procédure participative, que l'on trouve logée à la fois dans le Code civil (art. 2062 à 2068) et dans le Code de procédure civile depuis le décret n° 2012-66 du 20 janvier 2012 précité (art. 1542 à 1564). Renforçant le mouvement de contractualisation de la justice, et puisant son inspiration dans ce qu'on appelle le droit collaboratif, venu d'outre-atlantique, cette convention de procédure participative porte bien son nom puisqu'il s'agit d'un contrat sur la procédure que les parties, assistées de leurs avocats respectifs, concluent pour organiser la négociation destinée à parvenir à une solution amiable de leur litige. Conclue à durée déterminée, la convention de procédure participative est plus précisément définie comme « *une convention par laquelle les parties à un différend qui n'a pas encore donné lieu à la saisine d'un juge ou d'un arbitre s'engagent à œuvrer conjointement et de bonne foi à la résolution amiable de leur différend* » (art. 2062 C. civ.), ce en quoi elle s'inspire des clauses d'arrangement amiable ou de conciliation/médiation qui pourront du reste la précéder. Les avocats, sans la présence desquels une convention de ce type ne peut être conclue (art. 2064, al. 1er, C. civ. et art. 1544 C. pr. civ.), sont les garants de ce formalisme en même temps que les moteurs du règlement amiable.

Le régime juridique de la convention de procédure participative est bien encadré. Les règles qui la gouvernent tiennent à son objet et à ses effets. Pour ce qui est de son objet, la convention n'est pas valable dans tous les domaines, elle ne peut être conclue que sur des droits disponibles. Cependant, en matière de divorce et de séparation de corps, bien qu'il s'agisse de droits indisponibles, la convention de procédure participative est admise, mais ses conditions de reconnaissance et ses effets sont plus limités. Cette ouverture au droit de la famille est une bonne chose car la procédure participative est particulièrement adaptée aux divorces et séparations de corps, et c'est d'ailleurs dans ce type de contentieux qu'elle connaît le plus de succès, offrant au surplus aux avocats, en liaison avec l'introduction concomitante de l'acte d'avocat (art. 66-3-1 à 66-3-3 L. n° 71-1130, 31 déc. 1971), un gisement de nouvelles pratiques dont ils ont immédiatement su s'emparer. Le domaine de la convention de procédure participative a été étendu à la procédure devant le conseil de prud'hommes par la loi dite « Macron » qui a abrogé l'article 2064, alinéa 2, du Code civil posant la solution contraire, alors même qu'il s'agissait de droits disponibles (L. n° 2015-990, 6 août 2015, art. 258-IV). Quant à l'effet de cette procédure, il intervient à deux stades.

En premier lieu, la convention de procédure participative ne peut être conclue que si le juge ou l'arbitre n'est pas encore saisi. Son effet est alors de différer cette saisine et, partant, de suspendre les délais d'action. Le but est de sanctuariser cette période pour que la négociation puisse s'engager sans craindre la prescription de l'action. L'effet est comparable à celui, déjà évoqué, des clauses de conciliation/médiation. Outre qu'elle doit être conclue par écrit, la convention doit ainsi contenir un certain nombre de précisions, mentionnées à l'article 2063 du Code civil et, notamment, sa durée car elle est toujours enfermée dans un délai déterminé. Pendant le temps d'exécution de ce contrat, toute demande en justice est irrecevable. Cette irrecevabilité temporaire ne fait cependant pas obstacle à ce que, en cas d'urgence, des mesures provisoires ou conservatoires soient demandées par les parties (art. 2065, al. 2, C. civ.), lesquelles peuvent également prévoir et organiser le recours à un technicien (art. 1547-1554 C. pr. civ.).

En second lieu, au terme de la période réservée au rapprochement des points de vue, deux situations peuvent survenir selon qu'il y a un accord ou non. En cas de succès, même partiel, l'accord sera homologué par le juge (art. 2066, al. 1er, C. civ.), ce qui lui confère force exécutoire (art. 1565 C. pr. civ.). En cas d'échec de la négociation, le contentieux se poursuivra devant l'arbitre ou le juge compétent, les parties étant alors dispensées de conciliation ou médiation préalables. La singularité de la convention de procédure participative est que les avocats qui l'auront menée pourront continuer à représenter les parties lors de la procédure juridictionnelle, ce qui la distingue notablement du droit collaboratif d'Amérique du Nord, qui prévoit souvent un accord de désistement réciproque des avocats pour la suite de la procédure. On peut ne pas être convaincu par cette facilité car la recherche d'un accord libère l'expression pendant la phase de négociations, ce que l'on peut regretter ensuite dans la phase contentieuse. Il ne faudrait donc pas que, anticipant sur l'échec de l'accord, les acteurs de la négociation se censurent car cela obérerait d'autant les chances de succès de celle-ci, consacrant ainsi un échec autoréalisé. En matière de divorce ou de séparation de corps (art. 2067, al. 1er, C. civ.), la convention de procédure participative ne déploie pas tous ses effets, que ce soit en cas de succès (homologation de l'accord) ou en cas d'échec (dispense de conciliation préalable) : les articles 2066, alinéa 2, du Code civil et 1558 du Code de procédure civile ne sont pas applicables en la matière ; la demande en divorce ou en séparation de corps présentée à la suite d'une convention de procédure participative est donc formée et jugée suivant les règles des articles 229 à 309 du Code civil (art. 2067, al. 2, C. civ. et art. 1556, al. 1er, C. pr. civ.). De même, en matière prud'homale, lorsque, faute de parvenir à un accord au terme de la convention, les parties soumettent leur litige au juge, elles ne sont pas dispensées de la conciliation préalable prévue par le Code du travail (art. 2066, al. 3, C. civ.).

IV – La transaction extrajudiciaire

La transaction est l'un des plus anciens contrats du droit positif français. Présente dès le droit romain, continuée sous l'Ancien droit, la transaction part d'une idée simple, idéalement rappelée par Balzac dans les *Illusions perdues* : « *Mauvais arrangement vaut mieux que bon procès* ». Sous la plume de processualistes de la même époque, comme Boncenne, on écrit la même chose : le procès est source « *d'inquiétudes, de longueurs et de frais qui affligent les plaideurs* » et qu'il faut donc mieux l'éviter pour obtenir justice (*Théorie de la procédure civile, précédée d'une introduction*, Catineau éd., spéc. tome 1er [1828], p. 7). Il n'est donc pas étonnant que la transaction ait été recueillie dès le Code Napoléon, aux articles 2044 à 2058. Le premier de ces articles en donne la définition suivante : « *La transaction est le contrat par lequel les parties terminent une contestation née, ou préviennent une contestation à naître* ». Mais cette définition est unanimement considérée comme lacunaire car il y manque l'idée de concessions faites par les parties. Il a donc fallu ajouter un élément à la définition légale de la transaction et c'est à la jurisprudence qu'est revenue cette tâche. La transaction, a-t-elle énoncé, doit donner lieu à des « concessions réciproques » de la part des parties. La jurisprudence fut sur ce point constante et exigeante, au point qu'elle pourrait être consacrée dans la loi sur la justice du 21e siècle qui prévoit, courant 2016, de retoucher l'article 2044 en ce sens (art. 6 du projet de loi, adopté au Sénat le 6 novembre 2015). L'exigence des concessions réciproques est du reste régulièrement rappelée, non seulement pour la transaction de droit commun, mais aussi en matière administrative (art. L. 423-1 Code des relations entre le public et l'administration) ou de recouvrement en matière de sécurité sociale (art. R. 243-45-1 CSS, réd. D n° 2016-154 du 15 février 2016). Condition d'existence de la transaction, c'est elle qui permet également de distinguer la transaction d'autres conventions comme, par exemple, la donation au cas où les concessions seraient tellement déséquilibrées qu'elles cesseraient d'être réciproques. Plus que la volonté, même commune, de mettre fin au litige, c'est la renonciation à l'action qui est la marque propre de la transaction. Contrat nommé, la transaction est soumise au droit commun des contrats, même si certaines de ses règles s'en écartent expressément.

La formation de la transaction appelle peu d'observations. En dehors du fait qu'elle « doit être rédigée par écrit » (art. 2044, al. 2, C. civ.), cet écrit étant exigé *ad probationem* et non pas *ad solemnitatem*, il suffit de souligner que la transaction, comme toute renonciation, est un acte de disposition. D'où la nécessité d'avoir la capacité et le pouvoir de disposer des objets compris dans la transaction (art. 2045 C. civ.). D'où, aussi, l'impossibilité de transiger sur des droits que l'ordre public rend indisponibles au sens de l'article 1128 du Code civil, ce qui n'interdit pas nécessairement la transaction en matière pénale (art. 6, al. 3, C. pr. pén.), ni, en amont, la convention de procédure participative en matière de divorce ou de séparation de corps (art. 2067 C. civ.). Quant aux règles relatives aux vices du consentement, elles sont plus restrictives qu'en droit commun, car la transaction, qui n'est critiquable qu'au moyen d'une action en nullité contractuelle, ne peut être annulée que pour certaines causes limitativement définies par la loi (art. 2053 à 2057 C. civ.) : elle ne peut être attaquée ni pour erreur de droit, ni pour lésion (art. 2052, al. 2, C. civ.), mais seulement pour erreur sur la personne ou sur l'objet de la transaction (art. 2053 C. civ.), ainsi que pour dol et violence, ce qui comprend la contrainte économique dès lors que cette contrainte, illégitime, a été déterminante du consentement de la partie contrainte.

L'intérêt principal de la transaction réside cependant dans ses effets. Dans une disposition curieusement rédigée, et pour cela critiquée, l'article 2052, alinéa 1er, du Code civil énonce qu'elle a, entre les parties, « *l'autorité de la chose jugée en dernier ressort* ». Tel est donc l'élément qui permet de qualifier la transaction de mode alternatif de règlement des conflits. Toutefois, l'expression « *autorité de la chose jugée* » n'est pas à entendre ici dans son sens technique traditionnel. Il faut simplement en retenir la force suggestive de l'image. La transaction met fin au litige par épuisement du droit d'action des parties sur l'objet de la transaction. La chose transigée n'a certes que la force obligatoire de la chose convenue (art. 1134 C. civ.), mais, comme la chose jugée, elle devient immutable, intangible, ne peut plus être remise en cause et s'impose aux parties comme à tout juge. Si l'une des deux parties venait à contester la chose transigée par voie judiciaire, elle se heurterait à une *exception de transaction*, soumise aux mêmes conditions et présentant les mêmes caractères que l'exception de chose jugée. L'*exceptio litis finitae per transactionem* répond en tout point à l'*exceptio litis finitae per rem judicatam*. L'exception de transaction constitue donc bien une fin de non-recevoir qui peut être invoquée en tout état de cause. D'ailleurs, dans le projet de loi sur la justice du 21e siècle il est prévu que l'article 2052 soit désormais ainsi rédigé : « La transaction fait obstacle à l'introduction ou à la poursuite entre les mêmes parties d'une action en justice ayant le même objet » (art. 6 du projet de loi, adopté au Sénat le 6 novembre 2015). L'hybridité de la règle édictée par l'article 2052 du Code civil n'est que l'écho ou le reflet de l'hybridité naturelle de la transaction qui est bien cet « *équivalent juridictionnel* » évoqué à son propos par Gérard Cornu et Jean Foyer.

Cette interprétation n'est cependant pas celle du Conseil d'État qui, fort curieusement, lit l'article 2052 comme conférant à la transaction un caractère *exécutoire* de plein droit, ce qui rend sans objet, sauf motif d'intérêt général, des conclusions soumises au juge administratif afin d'homologuer la transaction conclue entre la collectivité publique et un administré (CE ass., avis 6 déc. 2002, *Syndicat intercommunal des établissements du second cycle du second degré du district de L'Hays-Les-Roses*, n° 249153). C'est là confondre force obligatoire et force exécutoire. Les dispositions du Code civil relatives à la transaction ne lui confèrent aucune force exécutoire. Cette force exécutoire ne peut résulter que du recours à une forme particulière : acte notarié revêtu de la formule exécutoire, titre délivré par les personnes morales de droit public (qualifiés comme tels par la loi), investiture du juge (rappr. art. L. 111-3 C. pr. exéc., définissant les titres exécutoires qui autorisent le recours aux procédures d'exécution forcée sur les biens d'un débiteur). Cette investiture peut prendre elle-même plusieurs formes. L'intervention du juge d'instance pour conférer force exécutoire au constat d'accord des parties conciliées par le conciliateur de justice en est une (art. 131 C. pr. civ.). La disposition que prévoyait naguère l'article 1441-4 C. pr. civ. : « *Le président du tribunal de grande instance, saisi sur requête par une partie à la transaction, confère force exécutoire à l'acte qui lui est présenté* » (encore applicable à Wallis et Futuna) en était une autre, dont le caractère très lapidaire n'était pas sans soulever certaines difficultés d'interprétation, aujourd'hui réglées par le remplacement de cette disposition par les articles 1565 à 1568, qui prévoient désormais une homologation en bonne et due forme. Il n'y a guère qu'en matière pénale que force obligatoire et force exécutoire se confondent. Mais cette confusion résulte en vérité du fait que la transaction pénale et la composition pénale, à la différence de la médiation pénale, sont nécessairement *judiciaires* : leur efficacité est liée à leur « homologation » (art. 41-1-1 C. pr. civ.) ou leur « validation » par le juge (art. 41-2 C. pr. pén.).

Face à une telle efficacité, personne ne s'étonnera que la transaction soit donc un MARC de plus en plus utilisé. Son domaine de prédilection est aujourd'hui le *droit du travail* où la rupture du contrat de travail donne souvent lieu à la conclusion d'une transaction. Elle prend parfois la forme du « *reçu pour solde de tout compte* » (art. L. 1234-20. C. trav.), qui peut cependant être délivré en l'absence de transaction, mais elle ne se confond pas avec la rupture conventionnelle, sorte de *mutuus dissensus* (art. 1134 C. civ.) conclu en l'absence de litige (art. L. 1237-11 et s. C. trav.). L'efficacité de la transaction a encore été renforcée par le Conseil constitutionnel qui a estimé que le régime fiscal et social des indemnités de licenciement obtenues par transaction devait être aligné sur celui des indemnités prononcées par une sentence arbitrale ou par une décision de justice étatique (Cons. const., 20 sept. 2013, n° 2013-340 QPC), ce qui constitue une évidente marque de faveur et de confiance à la transaction.

En dehors du droit du travail, la transaction est beaucoup utilisée en droit de la responsabilité civile et des assurances. D'ailleurs, le législateur a imposé, dans certains cas, le recours à une procédure obligatoire de transaction. Il en a d'abord été ainsi, dès 1985, pour l'indemnisation des victimes d'accidents de la circulation (art. L. 211-8 à L. 211-25 C. assur.). La méthode a ensuite essaimé grâce à la création de fonds spéciaux d'indemnisation, qu'il s'agisse de l'indemnisation des victimes de contaminations post-transfusionnelles par le virus d'immunodéficience humaine (art. L. 3122-5 CSP) ou encore de l'indemnisation des victimes de l'amiante (L. n° 2000-1257, 23 déc. 2000, art. 53, compl. Décr. n° 2001-963, 23 oct. 2001), des victimes d'accidents médicaux, d'affections iatrogènes et d'infections nosocomiales (art. L. 1142-4 et s, R. 1142-4 et s. et D. 1142-1 et s. CSP) ou des victimes des risques technologiques (art. L 421-16 C. assur.) ou, même sans fonds d'indemnisation, plus récemment, pour les recouvrements en matière de sécurité sociale, selon une procédure de transaction classique (art. R. 243-45-1 CSS, réd. Décr. n° 2016-154 du 15 février 2016). À chaque fois, le mécanisme est peu ou prou le même : l'assureur ou le fonds de garantie est tenu de faire une offre de transaction à la victime qui peut l'accepter ou la refuser. Si elle l'accepte, la transaction est conclue, la victime renonçant à agir en justice, sous réserve que son préjudice ne s'aggrave pas. Afin de s'assurer que le consentement de la victime n'ait pas été irréfléchi, celle-ci dispose parfois d'un délai de rétractation de plusieurs jours.

La méthode de la transaction en droit français est donc susceptible de multiples emplois différents. C'est sans doute une des raisons de son succès. Qu'elle soit un MARC directement mis en œuvre entre les parties ou qu'elle soit le résultat d'une conciliation, d'une médiation ou d'une procédure participative, la transaction est presque toujours l'aboutissement heureux d'un MARC extrajudiciaire et, à ce titre, il faut continuer de l'encourager, car elle a aussi comme vertu de soulager les tribunaux judiciaires d'une partie de leurs charges. Ce n'est pas le moindre des mérites de ces MARC extrajudiciaires. Mais cette vertu peut encore se manifester alors que les litiges ont déjà été portés devant un juge. D'où le développement des modes de règlement amiable y compris devant le juge ordinaire lui-même.

Lire aussi

- **Sur l'arbitrage :**

– ***Ouvrages*** **:** Th. Clay, *Code de l'arbitrage commenté*, préf. L. Cadiet, LexisNexis, 2015 ; Th. Clay (dir.), *Le nouveau droit français de l'arbitrage*, Lextenso, 2011 ; R. Dupeyré et H.-J. Nougein, *Règles et pratiques du droit français de l'arbitrage*, préf. S. Guinchard, Lextenso, 2012 ; E. Loquin, *L'arbitrage du commerce international*, Joly éditions, Lextenso, 2015 ; Ch. Seraglini et J. Ortscheidt, *Droit de l'arbitrage interne et international*, Montchrestien, 2013 ; Y. Strickler et J.-B. Racine (dir.), *L'arbitrage. Questions contemporaines*, L'Harmattan, 2012.

– ***Articles*** **:** S. Bollée, « Le droit français de l'arbitrage international après le décret n° 2011-48 du 13 janvier 2011 », *Rev. crit. DIP* 2011, p. 553 ; L. Cadiet, « L'arbitrage et l'évolution contemporaine des modes de règlement des conflits », *in* Y. Strickler et J.-B. Racine (dir.), *L'arbitrage. Questions contemporaines*, préc., p. 29 ; Th. Clay, « La simplification de la transaction et de l'arbitrage dans le Code civil », *JCP* 2014. 492 ; publié aussi *in* D. Bert, M. Chagny et A. Constantin (dir.), *La simplification du droit*, LGDJ, 2015, p. 207 ; E. Gaillard et P. de Lapasse, « Commentaire analytique du décret du 13 janvier 2011 portant réforme du droit français de l'arbitrage », *Cahier de l'arbitrage*, 2011, p. 263 ; Ch. Jarrosson et J. Pellerin, « Le droit français de l'arbitrage après le décret du 13 janvier 2011 », *Rev. arb.* 2011, p. 5 ; B. Moreau, « Arbitrage en droit interne », *Rép. proc. civ. Dalloz*, déc. 2012 ; Ch. Seraglini et D. Mouralis, « L'arbitrage commercial international », *in* J. Béguin et M. Menjucq (dir.), *Droit du commerce international*, LexisNexis, coll. « Traités », 2e éd. 2011, spéc. Titre III.

- **Sur autres modes alternatifs de règlement extrajudiciaire des conflits :**

– ***Ouvrages*** **:** N. Dion, *De la médiation. Essai pour une approche créatrice et pacifiée du conflit*, Avant-dire de J.-L. Sourioux, Paris, mare & martin, 2011 ; W. Dross et B. Mallet-Bricout (dir.), *La transaction. Propositions en vue de la réforme du Titre XV, Livre troisième du Code civil « Des transactions »*, La documentation française, 2014 ; GEMME, *Guide pratique de la médiation et de la conciliation judiciaires*, Paris, L'Harmattan, 2012 ; M. Guillaume-Hofnung, *La médiation*. PUF, coll. « Que-sais-je ? », 7e éd., 2015 ; B. Mallet-Bricout et C. Nourissat (dir.), *La transaction dans toutes ses dimensions*, Dalloz, 2006 ; F. Osman (dir.), *La médiation en matière civile et commerciale*, préf. Ch. Jarrosson, Bruylant, 2013 ; B. Pons, *Contrat de transaction, solutions transactionnelles. Conciliation-Médiation-Procédure participative*, Dalloz, 2014/2015 ; J.-Ph. Tricoit, *La médiation dans les relations de travail*, préf. B. Bossu, LGDJ, 2008.

– ***Articles* :** S. Amrani-Mekki, « La convention de procédure participative », *D.* 2011. 3007 ; L. Cadiet, « Construire ensemble une médiation utile », *Gaz. Pal.* 2015, n° 199, p. 10 ; Th. Clay, *V°* « Transaction », *in* L. Cadiet (dir.), *Dictionnaire de la justice*, PUF, 2004 ; « La simplification de la transaction et de l'arbitrage dans le Code civil », préc. ; Y. Desdevises, *V°* « Conciliation et Médiation », *in* L. Cadiet (dir.), *Dictionnaire de la justice*, préc. ; F. G'Sell, « Vers une justice participative ? Pour une négociation "à l'ombre du droit" », *D.* 2010. 2450 ; L. Mayer, « La transaction, un contrat spécial ? », *RTD civ.* 2014. 523 ; S. Monnier, « Le médiateur, nouvelle figure du droit public », *RFDA* 2015. 1175 ; C. Peulvé, « La dimension processuelle de la procédure participative », *LPA* 2012, n° 76, p. 6.

Chapitre 2

Les modes alternatifs de règlement des conflits au sein des institutions judiciaires

Le traitement de la litigiosité par le juge n'est pas d'une pièce ; il ne se limite pas à « *trancher le litige conformément aux règles de droit qui lui sont applicables* » selon la formule éprouvée de l'article 12, alinéa 1er, du Code de procédure civile. Le rôle du juge n'est pas seulement d'imposer une décision qu'il aura prise par application des règles du droit étatique au terme d'un syllogisme impeccable, bien que souvent factice. « *Accord vaut mieux que plaid* », disait le célèbre avocat Géraud de Maynard au début du XVIIe siècle (*Notables et singulières questions de droict escrit décidées et jugées par arrests mémorables de la Cour souveraine du Parlement de Tholose*, Fouet éd., 1608, spéc. titre 1er, liv. 5, chap. 63), pour rappeler qu'il valait mieux s'entendre que s'affronter. C'est pourquoi, outre les très nombreuses hypothèses dans lesquelles il reçoit mission, par la loi ou les parties, de statuer selon l'équité, en « *amiable compositeur* » (section 3), le juge peut et doit toujours favoriser la conciliation des intérêts, que ce soit en accomplissant personnellement cette mission ou en la déléguant à un tiers (section 1). La médiation judiciaire, consacrée dans la loi au milieu des années 1990, relève, fondamentalement, de cette conciliation judiciaire déléguée, mais elle est l'objet d'un dispositif juridique formellement séparé (section 2).

Section 1
La conciliation judiciaire

Dans la tradition française, la conciliation est doublement judiciaire : d'abord, parce qu'elle est mise en œuvre à l'occasion d'un procès ; ensuite, parce qu'elle est mise en œuvre par le juge lui-même qui, en cas d'échec, conservera la connaissance du litige afin de le trancher. C'est ce qu'on peut appeler la conciliation judiciaire *directe*, déjà connue sous l'ancien régime, puis valorisée par la Révolution française avant d'être principalement incarnée, pendant plus d'un siècle et demi, par la figure populaire du juge de paix. L'ancien Code de procédure civile de 1806 lui consacrait un titre entier, de l'article 48 à l'article 58 et, du reste, la logique générale de ce code était la promotion des modèles qui permettaient d'éviter le procès (Th. Clay : « Le modèle pour éviter le procès », préc., p. 51). Si l'avènement de la Ve République a conduit au remplacement des justices de paix par les tribunaux d'instance, avant la récente et discutable institution des juridictions de proximité, la conciliation judiciaire n'a pas pour autant disparu, au contraire. Le Code de justice administrative en prévoit la possibilité, avec l'accord des parties (art. L. 211-4). Les rédacteurs de l'actuel Code de procédure civile ont quant à eux hissé la conciliation au rang des principes directeurs du procès civil. L'article 21 dispose en effet : « *Il entre dans la mission du juge de concilier les parties* ». Ce principe général est ensuite développé dans le code qui contient des règles générales, communes à toutes les juridictions (I), et qui en décline aussi les manifestations particulières, variant d'une juridiction à l'autre (II).

I – Règles générales

Ces règles sont communes à toutes les juridictions et s'appliquent en toute matière, sauf disposition contraire. Elles résultent des articles 128 à 131 du Code de procédure civile, sous l'intitulé « La conciliation », dans une version issue du décret n° 2015-1282 du 11 mars 2015. Il résulte de ce dispositif que les parties peuvent se concilier d'elles-mêmes ou à l'initiative du juge tout au long de l'instance (art. 128). La conciliation est tentée, sauf disposition particulière, au lieu et au moment que le juge estime favorables (art. 129). En pratique, c'est souvent devant le juge des référés ou en cours d'expertise que les chances de parvenir à une conciliation des parties sont les plus fortes. La raison en est sans doute que les parties apprécient mieux, dans ces deux circonstances, les qualités et les défauts de leur position par rapport au litige et à la manière dont le juge pourrait le régler. Il convient de préciser que le juge ne peut pas donner à l'expert (ou au constatant, ou au consultant, que le code désigne aussi sous le nom de « technicien » chargé d'une mesure d'instruction) mission de concilier les parties (art. 240 C. pr. civ.). Cependant, si les parties viennent à se concilier en cours d'expertise – ce qui est en pratique survient souvent du fait de l'effet cathartique des explications devant l'expert – celui-ci peut prendre acte que sa mission est devenue sans objet, ce qui sera paradoxalement le signe qu'elle aura réussi. Dans ce cas, il en fait rapport au juge à qui, de leur côté, les parties peuvent demander de conférer force exécutoire à l'acte exprimant leur accord (art. 281 C. pr. civ. ; v. aussi art. R. 621-7-2 CJA).

La conciliation judiciaire directe est toujours une possibilité offerte aux parties au seuil de la procédure conduite devant la plupart des juridictions de première instance. Les parties peuvent constamment demander au juge de constater leur conciliation (art. 129-1 C. pr. civ.), ce qui n'est pas le plus fréquent. Le juge doit plus souvent vaincre leurs réticences, ce pour quoi la législation récente lui a offert le pouvoir d'enjoindre aux parties de rencontrer un conciliateur de justice qui les informera sur l'objet et le déroulement de la conciliation, dans les conditions prévues par l'article 22-1 de la loi n° 95-125 du 8 février 1995, déjà évoquée. Le conciliateur de justice peut même se voir confier par le juge le soin d'assurer lui-même la tentative préalable de conciliation. La conciliation judiciaire est alors déléguée (art. 129-2 à 129-6 C. pr. civ.). C'est dans ces circonstances que le titre officiel du conciliateur est devenu conciliateur *de justice*.

Cette seconde forme de conciliation judiciaire présente le double avantage, d'un côté, de libérer le juge d'un temps qu'il peut réserver à ses activités strictement juridictionnelles, tout en garantissant, de l'autre, le droit des justiciables à un juge impartial pour le cas où la tentative de conciliation échouerait. Le juge désigne alors le conciliateur de justice, à qui il fixe la durée de la mission, laquelle ne peut excéder deux mois, à moins d'être renouvelée (art. 129-2 C. pr. civ.). Le procès est ainsi, en quelque sorte, mis entre parenthèses le temps pour le conciliateur de justice d'accomplir sa mission. Il le fait dans une certaine autonomie puisqu'il en détermine seul les modalités : convocation des parties, transport sur les lieux, audition de tiers, etc. Mais toutes les informations qu'il recueillera ne pourront être versées à la procédure qu'avec l'accord des parties, c'est là le principe de confidentialité caractéristique des modes amiables. Les parties peuvent être représentées par une personne ayant qualité pour le faire devant la juridiction ayant délégué la conciliation (art. 129-3 C. pr. civ.). L'autonomie du conciliateur de justice est cependant relative car le juge peut prendre des mesures d'administration judiciaire afin d'aider le conciliateur s'il rencontre des difficultés dont celui-ci doit d'ailleurs l'informer, ou peut mettre fin à sa mission, à tout moment, d'office, ou sur demande du conciliateur ou d'une partie.

En toute hypothèse, la teneur de l'accord, même partiel, est consignée, selon le cas, dans un procès-verbal signé par les parties et le juge ou dans un constat signé par les parties et le conciliateur de justice (art. 130 C. pr. civ.). La solution est importante car des extraits du procès-verbal consignant l'accord peuvent être délivrés aux parties et ces extraits valent titre exécutoire (art. 131, al. 1er, C. pr. civ.), ce qui peut autoriser le recours aux procédures d'exécution forcée sur les biens du débiteur (art. L. 111-3 C. pr. exéc.). Quant au constat d'accord établi par le conciliateur de justice, les parties peuvent le soumettre à l'homologation du juge, cette homologation relevant de la matière gracieuse (art. 131, al. 2, C. pr. civ.), ce qui manifeste l'étroite articulation des modes de règlement amiable au système de justice. C'est une règle générale qu'il appartient au juge de donner force exécutoire à l'acte constatant l'accord des parties, que celui-ci intervienne devant lui ou qu'il ait été conclu en son absence (art. 384, al. 3, C. pr. civ.). En principe, la conciliation réalisée par le juge, devant le juge ou dont il est demandé au juge de prendre acte revêt la forme, entre les parties, d'un contrat de droit privé, ayant la valeur d'un acte authentique. Ce contrat peut être, selon le cas, un acte abdicatif si l'une des parties reconnaît le bien-fondé des prétentions de l'autre et renonce à ses propres prétentions. Dans l'hypothèse où les parties procèdent à des concessions réciproques et renoncent à leur droit d'agir en justice, ce contrat sera une transaction soumise aux dispositions générales du droit des contrats et aux dispositions spéciales du contrat de transaction évoquée plus haut.

II – Règles spéciales

Aux règles générales s'ajoutent les règles spéciales qui varient selon les juridictions et les matières. Parfois la réglementation peut être souple et sommaire, le Code se contentant par exemple de prévoir, comme devant le tribunal de grande instance (art. 768 C. pr. civ.), que le juge de la mise en état peut constater la conciliation des parties et homologuer leur accord. Il faut cependant avoir égard aux règles particulières que le Code consacre dans certains contentieux, comme en matière de divorce et de séparation de corps (art. 251 à 253 C. civ. ; art. 1093, 1108, 1110-1113, 1134 C. pr. civ.).

Mais le plus souvent, la réglementation est assez détaillée et le code organise précisément une procédure préalable de conciliation qui est alors conçue comme un préliminaire à la solution juridictionnelle du litige par le juge. C'est notamment le cas, pour les petits litiges, tant devant le juge de proximité que devant le tribunal d'instance pour lesquels les règles, identiques, sont assez détaillées (art. 830-835, 840, 847, 847-3 C. pr. civ.). D'ailleurs la demande en justice est nécessairement formée à fin de conciliation et à défaut seulement à fin de jugement (art. 829), quand elle n'est pas simplement formée aux fins de tentative préalable de conciliation (art. 830). La conciliation peut être conduite par le juge lui-même ou par un conciliateur de justice. En cas d'échec, soit l'affaire sera immédiatement jugée sur présentation volontaire si les parties y consentent, ce qui permettra de gagner du temps, soit le juge devra être à nouveau saisi par le demandeur à fin de jugement. Devant le tribunal de commerce, si une conciliation entre les parties apparaît envisageable, la formation de jugement peut désigner un conciliateur de justice à cette fin, cette désignation pouvant revêtir la forme d'une simple mention au dossier (art. 860-2 C. pr. civ.). Ce pouvoir appartient également au juge chargé d'instruire l'affaire qui peut aussi constater la conciliation, même partielle, des parties (art. 863 C. pr. civ.).

De facultative, la conciliation devient obligatoire devant d'autres juridictions. Tel est le cas devant le tribunal paritaire des baux ruraux, sauf à préciser que le tribunal peut déléguer la mission de conciliation à un conciliateur de justice désigné à cette fin (art. 887 C. pr. civ.). Mais c'est surtout devant le conseil de prud'hommes que s'observe un processus de conciliation réellement spécifique. L'article L. 1411-1 du Code du travail érige même la conciliation en mode principiel de résolution des litiges : « *Le conseil de prud'hommes règle par voie de conciliation les différends qui peuvent s'élever à l'occasion de tout contrat de travail soumis aux dispositions du présent code entre les employeurs, ou leurs représentants, et les salariés qu'ils emploient. Il juge les litiges lorsque la conciliation n'a pas abouti* ». Aussi, le procès prud'homal débute-t-il toujours (en vérité, presque toujours, voir en effet art. L. 1245-2 C. trav.) par un préliminaire obligatoire de conciliation porté devant une formation spécialisée de la juridiction, le *bureau de conciliation* (art. R. 1454-7 à R. 1454-18 C. trav.), devenu *bureau de conciliation et d'orientation* à la faveur de la loi *Macron* du 6 août 2015, avant que l'affaire, en cas d'échec de la conciliation, soit transmise pour être tranchée par la formation de jugement, le *bureau de jugement*. Mieux : il est prévu qu'un jugement sans tentative préalable de conciliation est entaché d'une nullité d'ordre public. Il faut dire que le bureau de conciliation et d'orientation jouit de prérogatives plus larges qu'un simple conciliateur et qu'il peut notamment trancher certains incidents de procédure et ordonner quelques mesures provisoires ; il est donc aussi juge de la mise en état du litige.

Au fond, la procédure prud'homale est celle qui est allée le plus loin dans l'intégration de la conciliation puisque, à l'inverse des autres procédures civiles, l'organe chargé de la conciliation n'est pas sous le contrôle du juge mais, au contraire, dispose même de certaines de ses prérogatives. La hiérarchie entre juge et conciliateur n'est plus ici descendante, elle est temporelle. Le juge n'est pas au-dessus, il est après. Cependant, force est de reconnaître que, en pratique, la conciliation devant le conseil de prud'hommes est rarement obtenue, puisque le taux de succès s'établit aujourd'hui à 5 % en moyenne. Sans doute cela tient-il aux spécificités et à la lourdeur de la conciliation dans cette procédure spécifique, qui gagnerait à s'assouplir et à s'inspirer du droit commun. D'autant que celui-ci, comme on l'a déjà relevé, tend incontestablement à favoriser les modes amiables de résolution des litiges. On en a une autre illustration avec la médiation judiciaire.

Section 2
La médiation judiciaire

Fondamentalement, la médiation judiciaire est une modalité de la conciliation ; la Cour de cassation l'avait ainsi jugé en 1993 (Civ. 2e, 16 juin 1993, n° 91-15.332). C'est une conciliation judiciaire déléguée, non pas préalable, comme celle qui est confiée au conciliateur de justice, mais incidente, car elle intervient en cours d'instance. Depuis 1995, le législateur a introduit, dans le code de procédure civile, un régime général de la médiation judiciaire (I), ultérieurement complété de règles spécifiques à la médiation familiale (II).

I – Le régime général de la médiation judiciaire

L'idée de la médiation judiciaire est apparue dans la pratique des tribunaux, plus spécialement dans la pratique du Tribunal de grande instance et de la Cour d'appel de Paris à partir des années 1960-1970. Elle a d'abord été mise en œuvre par le juge des référés à l'occasion des conflits sociaux dont il était saisi. Dans l'arrêt précité de 1993, la Cour de cassation avait fini par en consacrer la possibilité sur le fondement de la règle générale de l'article 21 du Code de procédure civile, déjà rappelé : « *Il entre dans la mission du juge de concilier les parties* ». Après plusieurs tentatives de faire passer cette pratique dans la loi, le pas décisif a été accompli par la loi du 8 février 1995, avant qu'un décret du 22 juillet 1996 l'insère dans les dispositions du Code de procédure civile, aux articles 131-1 à 131-15, lesquels ont été retouchés par le décret n° 2010-1165 du 1er octobre 2010, puis renommés par le décret n° 2015-282 du 11 mars 2015, qui a regroupé la conciliation et la médiation dans le même titre (titre VI, livre Ier), ce qui marque mieux encore leur proximité (en matière administrative voir art. 771-3 CJA, dans les litiges transfrontaliers).

La médiation judiciaire est largement ouverte. Le juge peut en effet désigner une tierce personne « *afin d'entendre les parties et de confronter leurs points de vue pour leur permettre de trouver une solution au conflit qui les oppose* » (art. 131-1 C. pr. civ.). À défaut de distinction, le juge doit s'entendre du juge civil en général, au sens de l'article 749 du Code de procédure civile, c'est-à-dire de toute juridiction de l'ordre judiciaire statuant en matière civile, commerciale, sociale, rurale ou prud'homale, en première instance ou en appel, y compris le juge des référés (alinéa 2 du même article), à l'exclusion bien sûr de la Cour de cassation qui n'est pas juge du fond mais juge du droit. La nature paritaire du conseil de prud'hommes ne devrait pas l'empêcher de procéder à la désignation d'un médiateur pour tenter, en cours d'instance, de concilier les parties, alors même que la tentative préalable de conciliation aurait échoué. Paritaire, le conseil de prud'hommes ne cesserait pas de l'être si une mission de médiation judiciaire était confiée à un tiers ; cette médiation ne porterait pas atteinte à la parité, qu'elle préserve ; la seule atteinte à la parité consiste à confier la solution du litige à un conseiller employeur ou à un conseiller salarié, statuant seul. La médiation peut porter sur tout ou partie du litige. En aucun cas, elle ne dessaisit le juge qui peut prendre à tout moment les autres mesures qui lui paraissent nécessaires (art. 131-2 C. pr. civ.) comme, par exemple, des mesures provisoires ou conservatoires.

L'accès à la médiation judiciaire est par ailleurs limité : le juge ne pouvant recourir à la médiation qu'après avoir obtenu l'accord des parties, ce que doit mentionner la décision ordonnant la médiation (art. 131-1 et 131-6 C. pr. civ.). Cet accord n'emporte pas renonciation à l'arbitrage que les parties auraient par ailleurs prévu (Civ. 1re, 28 janv. 2003, n° 00-22.680). Cette décision désigne le médiateur, fixe la durée initiale de sa mission et indique la date à laquelle l'affaire sera rappelée à l'audience (art. 131-6 C. pr. civ.). À l'instar de ce qui est prévu pour les techniciens chargés d'une mesure d'instruction, en particulier les experts, le juge fixe également le montant de la provision à valoir sur la rémunération du médiateur, supportée par les parties, et désigne la ou les parties qui consigneront la provision dans le délai qu'il détermine (art. 131-6, al. 2, C. pr. civ.). À défaut de versement dans ce délai et selon les modalités imparties, la désignation du médiateur est caduque et l'instance est alors poursuivie de manière ordinaire. La décision ordonnant la médiation, comme celle qui la renouvelle ou qui y met fin, n'est pas susceptible d'appel (art. 131-15 C. pr. civ.). La durée de la médiation, fixée par le juge, ne peut excéder trois mois, mais elle peut être renouvelée une fois, pour une même durée, à la demande du médiateur (art. 131-3 C. pr. civ.). Cependant, le juge peut mettre fin à la médiation à tout moment sur demande d'une partie ou à l'initiative du médiateur lui-même, voire d'office, lorsque le bon déroulement de la médiation lui paraît compromis (art. 131-10 C. pr. civ.). Il s'agit d'éviter que la médiation ne devienne un facteur de ralentissement de l'instance, arme dilatoire à l'usage des parties… ou du juge qui n'aurait pas envie de se prononcer rapidement sur un litige difficile. Dans tous les cas, l'affaire doit être préalablement rappelée à une audience à laquelle les parties sont convoquées à la diligence du greffe par lettre recommandée avec demande d'avis de réception. À cette audience, le juge, s'il met fin à la mission du médiateur, peut poursuivre l'instance, le médiateur étant informé de cette décision.

Le médiateur est une personne physique ou une association. Dans ce dernier cas, le représentant légal de l'association soumet à l'agrément du juge le nom de la ou des personnes physiques qui assureront l'exécution de la mesure au sein de celle-ci et en son nom (art. 131-4 C. pr. civ.). Certaines qualités sont exigées, par la loi, de la personne physique assurant l'exécution d'une médiation. Positivement, il doit présenter les garanties d'indépendance nécessaires à l'exercice de la médiation, posséder la qualification requise eu égard à la nature du litige et justifier, selon les cas, d'une formation ou d'une expérience adaptée à la pratique de la médiation. Négativement, il ne faut pas qu'il ait fait l'objet d'une condamnation pénale, ni été l'auteur de faits contraires à l'honneur, à la probité et aux bonnes mœurs ayant donné lieu à une sanction disciplinaire ou administrative (art. 131-5 C. pr. civ.). S'il est créancier d'une rémunération et jouit de prérogatives quant à la durée de sa mission, qu'il peut du reste refuser (art. 131-7 C. pr. civ.), le médiateur est débiteur d'une obligation de confidentialité. Celle-ci, nécessaire pour assurer la confiance des parties, qui est indispensable au succès de la médiation, joue bien sûr dans les rapports des médiateurs avec les tiers ; mais il est surtout précisé que les constatations faites et les déclarations recueillies par le médiateur ne peuvent être évoquées devant le juge saisi du litige, sauf accord des parties, ni utilisées dans une autre instance (art. 131-14 C. pr. civ.). C'est du reste une des raisons pour lesquelles le médiateur ne peut être désigné, au cours de la même instance, pour effectuer une mesure d'instruction (art. 131-8, al. 2, C. pr. civ.). Il n'est pas interdit de voir également, dans cette obligation du secret imposée au médiateur, une garantie du droit au tribunal impartial dont l'article 6 § 1 Conv. EDH fait un élément essentiel du droit au procès équitable : le juge devant lequel les parties reviendraient après l'échec de la médiation pourrait être prévenu à l'égard de l'une ou de l'autre. Cela participe des « principes directeurs » du règlement amiable des litiges, évoqués plus loin. Le médiateur ne dispose pas de pouvoirs d'instruction. Mais il peut, avec l'accord des parties, entendre les tiers qui y consentent. Il tient le juge informé des difficultés qu'il rencontre dans l'accomplissement de sa mission (art. 131-9 C. pr. civ.).

La seule information que le médiateur peut fournir au juge lorsque l'affaire lui revient est celle relative à l'accord ou au désaccord des parties (art. 131-11 C. pr. civ.). En cas d'échec de la médiation, les fonctions du médiateur cessent et l'instance poursuit son cours ordinaire comme si rien ne s'était passé. En cas d'accord, même partiel, les parties peuvent soumettre celui-ci à l'homologation du juge qui lui donne force exécutoire (art. 131-12 C. pr. civ.). Le juge n'est pas tenu d'homologuer l'accord qui lui est soumis s'il estime que les droits de chacune des parties ne sont pas suffisamment préservés (Soc. 18 juill. 2001, n° 99-45.534 99-45.535). De prime abord, cette disposition semble n'être qu'une application particulière de la règle plus générale de l'article 384 du nouveau Code de procédure civile aux termes duquel, quelle que soit la manière dont la conciliation judiciaire des parties a été obtenue, le rôle du juge se limite à constater l'accord intervenu et à donner force exécutoire à l'acte le constatant. De même, il aurait été logique d'analyser l'accord conclu en une transaction prenant la forme d'un contrat judiciaire. Pourtant, l'article 131-12, alinéa 2, C. pr. civ. indique que l'homologation réalisée « relève de la matière gracieuse », ce qui conduit, en l'absence de dispositions particulières, à soumettre l'accord des parties au régime des jugements gracieux, y compris pour les voies de recours dont ils peuvent être l'objet, comme c'est le cas pour la conciliation judiciaire déléguée à un conciliateur de justice (art. 131 C. pr. civ.). Cette qualification est significative de la tendance du droit français à intégrer les modes alternatifs de règlement des conflits au cœur même du système de justice. On peut aller jusqu'à dire que la conciliation, quand elle prend la forme d'une médiation, faisant intervenir un tiers pour aider les parties à trouver une solution amiable au litige qui les oppose, est une forme de justice et que le médiateur fait même œuvre de justice, ce qui justifie d'ailleurs qu'il doive être impartial, comme le juge lui-même.

II – Les règles spécifiques de la médiation familiale

De tout le contentieux civil, les affaires familiales sont sans doute les plus délicates car elles sont les plus douloureuses. Elles transforment les familles et les destins, c'est pourquoi le traitement judiciaire doit être envisagé avec prudence et délicatesse. Allant dans le sens conseillé par le Conseil de l'Europe (Recommandation (98) 1 du 21 janvier 1998 sur la médiation familiale), le législateur français a logiquement consacré, dans la loi, la possibilité pour le juge (en pratique le juge aux affaires familiales, qui est un juge du tribunal de grande instance), de mettre en œuvre une mesure de médiation familiale. Celle-ci se distingue de la médiation de droit commun en ce qu'elle prend davantage en compte les aspects non strictement juridiques du conflit : il s'agit par exemple, non seulement de concilier les parents, mais aussi de faciliter la recherche par eux d'un exercice consensuel de l'autorité parentale. La pratique judiciaire était déjà en ce sens, mais selon des formes et avec un enthousiasme variables en fonction des juridictions. La Cour d'appel de Paris avait ainsi eu l'occasion de juger qu'il est de la responsabilité des parents de mettre en œuvre toutes les mesures de nature à restaurer la communication entre eux, notamment au moyen d'une mesure de médiation familiale.

Ce sont les dispositions du Code civil qui permettent au juge aux affaires familiales de recourir à la médiation en matière de divorce (art. 255 C. civ.) et d'autorité parentale (art. 373-2-10 C. civ.). Le juge a le choix de proposer une mesure de médiation, dont la mise en œuvre suppose l'accord des parties, mais il a aussi la possibilité de leur enjoindre de rencontrer un médiateur familial qui les informera sur l'objet et le déroulement de cette mesure (mesure renforcée par un décret n° 2010-1395, 12 nov. 2010). Le choix de recourir à la médiation est à la discrétion du juge, ce qui engendre une assez grande disparité des pratiques sur le territoire national. De manière générale, la médiation familiale n'a pas encore rencontré le succès escompté, mais son développement n'en finit pas de progresser (ex. A. Leborgne, « La pratique de la médiation familiale judiciaire : étude menée dans le ressort de la cour d'appel d'Aix-en-Provence », *Gaz. Pal.* 9-10 oct. 2015, p. 14). Dans quelques ressorts, de fructueuses initiatives sont prises pour mettre en place des services de médiation familiale, articulés à la juridiction des affaires familiales, au moyen de protocoles conclus entre le tribunal de grande instance, le barreau, les associations de médiation familiale, voire la caisse d'allocations familiales, autre exemple de la contractualisation en cours de la justice.

Cela s'explique aussi par la volonté des pouvoirs publics de favoriser et d'améliorer ce mode de résolution des litiges. Il ne faut pas oublier que le contentieux familial représente plus de la moitié du contentieux porté devant les tribunaux de grande instance. Il y a un véritable enjeu de politique publique. Pour l'améliorer, c'est sur la formation des médiateurs familiaux que l'effort a porté avec la mise en place d'un Comité national consultatif de la médiation familiale dont le but est de normaliser et de moraliser les pratiques en la matière et d'un diplôme d'État de médiateur familial a également été créé afin de garantir la compétence des médiateurs familiaux (Décr. n° 2003-1166, 2 déc. 2003, compl. Arrêté 12 févr. 2004). En 2012, les conditions de formation des médiateurs familiaux ont été encore renforcées (Arrêté 19 mars 2012, mod. Arrêté 2 août 2012). Pour favoriser encore plus la médiation familiale, une expérimentation a été tentée jusqu'au 31 décembre 2014 visant à la rendre obligatoire, avant la saisine du juge aux affaires familiales, dans un certain nombre de juridictions fixées par arrêté (les TGI de Bordeaux et d'Arras). La généralisation de ce dispositif avait pu être envisagée par la commission *Delmas-Goyon* sur le juge du 21e siècle et, pour l'avenir, il est prévu, dans le projet de loi sur la justice du 21e siècle, programmé pour être adopté courant 2016, « *une politique publique ambitieuse en matière de médiation familiale* », chapeautée par un Conseil national de l'accès au droit et à la justice.

La conciliation judiciaire *lato sensu* a vocation à aboutir à une solution conventionnelle du litige qui, dans certains cas, pourra, voire devra, être consacrée par le juge. Cette qualification variable la distingue de l'autre hypothèse de MARC intrajudiciaire constituée par l'amiable composition judiciaire.

Section 3
L'amiable composition judiciaire

Un degré de plus est franchi dans la pénétration de l'activité juridictionnelle par les modes alternatifs de règlement des conflits avec l'amiable composition judiciaire (art. 12, al. 4, C. pr. civ.), idée que l'on doit à Motulsky. On sait que les parties ont la possibilité d'invoquer un fondement juridique au soutien de leurs prétentions et de proposer une qualification juridique des faits qu'elles allèguent (art. 12, al. 2 et 3, C. pr. civ.). Au demeurant, le juge peut les inviter à fournir les explications de droit qu'il estime nécessaires à la solution du litige (art. 13 C. pr. civ.). Mais alors cette participation des parties a lieu à l'ombre des pouvoirs du juge, sans entamer la primauté de celui-ci.

Les perspectives sont renversées avec l'amiable composition judiciaire. Il s'agit du cas où le juge est autorisé à statuer selon l'équité, ce qui est une autre manière de favoriser la conciliation des intérêts. Cette possibilité s'ajoute à toutes celles dans lesquelles le juge reçoit mission de concilier les parties – qui viennent d'être évoquées. Ce pouvoir conféré au juge est expressément prévu par l'article 12, al. 4, C. pr. civ. : « *Le litige né, les parties peuvent aussi, dans les mêmes matières et sous la même condition, conférer au juge mission de statuer comme amiable compositeur, sous réserve d'appel si elles n'y ont pas spécialement renoncé* » ; elle trouve clairement sa source d'inspiration dans le droit de l'arbitrage, au point qu'elle est parfois désignée par les expressions de « *juge arbitre* » ou d'« *arbitrage judiciaire* » (G. Cornu, « Le juge arbitre », *Rev. arb.* 1980, p. 373 ; Ph. Fouchard, « L'arbitrage judiciaire », *in Mélanges Pierre Bellet*, 1991, p. 167). Il existe un autre cas, prévu par le Code de procédure civile (art. 1490), dans lequel le juge judiciaire statue en amiable composition judiciaire ; c'est celui où, dans un arbitrage interne, les parties s'étaient ménagé la voie de l'appel et que la cour d'appel a annulé la sentence arbitrale. La cour est, en ce cas, saisie dans les termes où l'avait été tribunal arbitral, rétrospectivement transformé en juge de première instance, même s'il devait statuer en équité. La cour d'appel est alors amiable compositeur.

Quand il est amiable compositeur, le juge est affranchi des règles de droit. Ce n'est pas qu'il ait alors l'obligation de statuer en équité ; il peut trancher le litige selon les règles de droit s'il juge équitable la solution à laquelle ces règles conduisent, mais il faut alors qu'il s'explique, dans les motifs de sa décision, sur la conformité à l'équité des règles de droit qu'il applique (depuis Civ. 2e, 15 févr. 2001, n° 98-21.324, en matière d'arbitrage, mais valant aussi pour l'amiable composition judiciaire). Seulement, les règles de droit perdent, à son égard, leur caractère obligatoire ; le juge est comme en état d'apesanteur juridique. Du coup, le jugement lui-même échappe par voie de conséquence à tout pourvoi en cassation, sauf pour des motifs de procédure.

La validité de ce jugement selon l'équité est toutefois subordonnée à de strictes conditions. Il y faut, d'une part, un accord exprès des parties, entendu restrictivement par la jurisprudence, et la libre disposition, par elles, de leurs droits, ce qui exclut, pratiquement, l'amiable composition pour les questions relatives à l'état des personnes et dans les matières qui relèvent de l'ordre public. D'autre part, hors le cas particulier de l'article 1490 du Code de procédure civile énoncé plus haut, l'amiable composition judiciaire n'est possible qu'une fois le litige né, ce qui condamne les clauses contractuelles d'amiable composition judiciaire conclues avant tout litige, alors que, de leur côté, les clauses compromissoires – qui ont servi ici de modèles – peuvent valablement stipuler l'amiable composition de l'arbitre (art. 1472 et 1512 C. pr. civ.).

L'amiable composition judiciaire n'a pas rempli les espoirs dont elle était porteuse. La pratique est restée embryonnaire, en dépit d'efforts louables prodigués par certaines juridictions pour en faciliter l'accès par l'institution de chambres spécialisées comme au Tribunal de grande instance de Nancy, à la Cour d'appel de Versailles, ou à celle de Grenoble. La raison en est connue et tient principalement à l'exigence que le litige soit déjà né. Autant dire qu'en pratique, une partie aura toujours intérêt, une fois le litige survenu, à refuser d'écarter la règle de droit. Ce diagnostic a été posé il y a déjà longtemps lorsque la proposition a été faite d'éliminer la condition d'existence préalable du litige (*Célérité et qualité de la justice. La gestion du temps dans le procès*, Rapport de la Commission Magendie au garde des Sceaux, ministre de la Justice, 2004). La proposition a été relayée à de nombreuses reprises par de multiples voix, mais elle est restée lettre morte à ce jour. Le chantier demeure donc ouvert.

Lire aussi

Ch. Arens *et alii*, « La médiation judiciaire, 20e anniversaire », *Les Annonces de la Seine*, 10 juin 2015 ; H. Boulard, « L'expérience versaillaise de l'amiable composition », *Gaz. Pal.* 1995, 2, p. 1328 ; D. Cholet, « La médiation judiciaire en procédure civile », *in* D. Coquel et D. Cholet (dir.), *La médiation : des textes à la pratique*, *Gaz. Pal.* 22-24 déc. 2013, n° spéc., p. 12 ; Y. Desdevises, « Équité et conciliation », *in Mélanges Georges Wiederkehr*, Dalloz, 2009, p. 209 ; B. Holleaux, « La médiation dans le contentieux prud'homal à la cour d'appel de Paris : entre réflexions théoriques et approche pratique », *Dr. soc.* 2016, p. 170 ; Th. Garby, « Le juge et la médiation, partie I », *Gaz. Pal.* 9-11 juin 2013, 7 ; « Le juge et la médiation, partie 2 », *Gaz. Pal.* 20-21 déc. 2013, 8 ; J. Joly-Hurard, *Conciliation et médiation judiciaires*, préf. S. Guinchard, PUAM, 2003 ; M. Juston, « Justice et médiation familiale », *Gaz. Pal.* 26-28 oct. 2008, p. 3 ; Société de législation comparée, *La médiation*, Dalloz, 2009 ; E. Serverin, « Le médiateur civil et le service public de la justice », *RTD civ.* 2003. 229 ; F. Vert, « Des avantages de la médiation judiciaire », *Gaz. Pal.* 23-24 mai 2014, p. 17 ; L. Weiller, « La médiation familiale », *in* L. Weiller (dir.), *Les transformations du contentieux familial*, PUAM, coll. « Équipe Pierre Kayser », 2012, p. 59.

Titre 3
Économie des modes alternatifs de règlement des conflits

La doctrine s'intéresse aux modes alternatifs de règlement des conflits depuis une trentaine d'années. La réflexion dont ces procédés alternatifs ont été l'objet, à partir de la pratique contractuelle, de leur consécration législative et du contentieux qu'ils ont suscité en jurisprudence, s'est faite en deux temps : il y a d'abord eu le temps de la typologie juridique, qui vient d'être examinée, puis celui de leur économie dont il reste à parler. Cette économie est tout entière dominée par l'ambivalence des modes alternatifs de règlement des conflits, judiciaires ou extrajudiciaires, où se combinent, dans des proportions variables selon le cas, éléments contractuels et éléments procéduraux. Cette articulation du contrat et du procès coïncide avec l'apparition de réflexions nouvelles sur la justice et l'économie. La coïncidence est assez naturelle. L'économie est, à certains égards, aux fondements même de la justice, aux fondements historiques certes (ex. la création des tribunaux de commerce au XVIe siècle), aux fondements philosophiques aussi : entre le « *sage et légitime gouvernement de la maison pour le bien commun de toute la famille* », et même « *de la grande famille qu'est l'État* » de Rousseau pour définir l'économie (J.-J. Rousseau, *V°* « Économie », in *Encyclopédie*) et l'« *équitable attribution des biens selon les droits et les mérites de chacun* » selon Aristote

(*Éthique à Nicomaque*), il n'y a finalement pas tellement de différences : distributive ou corrective, la justice participe au gouvernement de la maison.

Surtout, la crise de la justice invite à une gestion plus rationnelle de l'institution judiciaire en même temps qu'elle dissuade les justiciables d'y recourir afin d'échapper aux coûts et aux délais du traitement juridictionnel de leurs conflits. C'est sans doute une loi d'économie de la justice que le coût des procès est un des facteurs susceptibles d'influer sur le nombre des actions exercées en justice, des coûts importants dissuadant les justiciables de saisir les juridictions et favorisant donc la conclusion d'arrangements amiables. Plus les coûts sont élevés, les durées longues et les incertitudes grandes, plus les justiciables sont poussés au règlement différent de leur différend. C'est donc à la lumière de l'économie juridique des modes alternatifs de règlement des conflits (chapitre 1) que doit être envisagée la question de leur économie financière (chapitre 2).

Chapitre 1
Économie juridique des modes alternatifs de règlement des conflits

Les modes alternatifs de règlement des conflits sont présentés comme un remède à l'engorgement des tribunaux. Mais on est en droit de se demander si cette voie alternative ne prive pas les justiciables des garanties du procès équitable. Celles-ci, principalement indiquées par l'article 6 § 1 Conv. EDH et développées, sur ce fondement, par la Cour européenne des droits de l'homme, sont la condition d'une bonne justice dans une société démocratique. Au noyau dur de la garantie d'un tribunal indépendant et impartial, d'une procédure publique se déroulant dans un délai raisonnable, se sont ajoutées, comme autant d'exigences de l'équité procédurale, la garantie d'un débat contradictoire et de l'égalité des armes entre les parties, la possibilité d'assurer ou de faire assurer sa défense, le droit à un interprète et l'assurance d'un jugement motivé. Ce qui est à l'œuvre dans le droit au procès équitable, ce n'est pas l'équité traditionnelle des juristes, c'est-à-dire l'équité substantielle, conçue comme complément ou correctif de la règle de droit applicable à la solution matérielle du litige ; c'est l'équité du processus délibératif que constitue le procès dans la recherche de cette solution. C'est la garantie que la décision prononcée le sera bien dans des conditions d'impartialité du juge, donc de juste distance entre celui-ci et les parties, règle de validité universelle qui, seule, rend le jugement légitime au regard du contrat social. À certains égards, on n'est pas loin, ici, d'une théorie procédurale de la justice selon John Rawls. Avant que d'être saisie dans la substance du jugement prononcé, la justice doit s'observer dans le déroulement du procès qui y conduit. Si une procédure juste ne prémunit pas des jugements injustes, il y a peu de chances, en revanche, qu'une procédure injuste conduise à de justes jugements.

L'affirmation a des allures de vérité absolue et il est vrai que le droit au procès équitable se trouve énoncé dans une déclaration universelle. L'unanimité de la proposition doit cependant être mesurée à l'aune de la place qu'occupe le procès parmi les modes de solution des litiges. Or cette place est variable. Importante dans les sociétés occidentales, elle l'est moins dans les sociétés africaines ou orientales, singulièrement au Japon, caractérisées par le rôle essentiel qu'y remplissent les procédures de conciliation. Dans les sociétés occidentales elles-mêmes, le droit au procès équitable ne se présente pas exactement de la même manière dans les pays de droit civil et dans les pays de *common law* car le rapport des parties et du juge à la procédure judiciaire n'y est pas exactement le même. Les modes alternatifs offrent l'avantage de la rapidité, de la souplesse et de l'économie. Mais cette justice conventionnelle n'a pas que des aspects positifs. Ainsi il n'est pas certain que le mode de solution extrajudiciaire des litiges soit plus démocratique que le mode judiciaire. Les techniques alternatives ont elles aussi un coût qui peut conduire, là même où elles ont progressé de manière privilégiée, comme en Amérique du Nord, à un retour paradoxal vers la solution judiciaire des litiges. Le phénomène a été constaté au Québec et l'on sait qu'en France, l'arbitrage ne passe pas pour être une justice de pauvres, au point qu'on envisage un processus allégé pour les parties faibles (M. de Fontmichel, *Le faible et l'arbitrage*, préf. Th. Clay, Economica, 2013).

Surtout, les modes alternatifs de règlement des conflits posent la question centrale du respect des droits fondamentaux des parties, ce que l'on nomme droits de la défense dans le règlement judiciaire des différends. Comme toujours en matière contractuelle, les parties en litige ne sont pas forcément égales, n'ont pas toujours la même compétence technique ni la même puissance économique. Comme pour n'importe quel autre contrat, ce rapport inégal des forces peut conduire à un résultat injuste, l'une des parties imposant en fait sa solution du différend à l'autre. Le développement du contentieux de la transaction en droit du travail en dit long sur la réalité de ce risque que signale également la présence, dans la définition des clauses susceptibles d'être regardées comme abusives au regard du Code de la consommation, des clauses ayant pour objet ou pour effet « *de supprimer ou d'entraver l'exercice d'actions en justice ou des voies de recours par le consommateur* » (art. R. 132-2, 10°). Des garanties sont donc nécessaires pour prévenir ou corriger les déséquilibres possibles. D'où la prudence de ne pas s'en tenir à l'apparence des choses. Et, parmi les modes alternatifs, il faut distinguer sur ce point entre les modes alternatifs juridictionnels, nécessairement respectueux des garanties du procès équitable, et les modes alternatifs amiables qui, n'étant pas juridictionnels, n'y sont en principe pas soumis. L'absence des garanties du procès équitable dans les modes amiables de règlement des litiges (section 1) ne doit cependant pas cacher l'existence de garanties d'une solution équitable dans les modes amiables de règlement des conflits (section 2).

Section 1

L'absence des garanties du procès équitable dans les modes amiables de règlement des conflits

Étant contractuels, les modes amiables de règlement des conflits n'offrent pas aux justiciables, par hypothèse, les garanties du procès équitable. Encore faut-il préciser les raisons (I) et marquer les limites (II) de cette exclusion.

I – Les raisons

L'absence des garanties du procès équitable dans les modes alternatifs de règlement des conflits tient à deux sortes de raisons, les unes générales : les garanties du procès équitable sont inapplicables aux modes alternatifs de règlement des conflits (A), les autres spéciales : les garanties du procès équitable sont inadéquates aux modes alternatifs de règlement des conflits (B).

A – L'inapplicabilité des garanties du procès équitable résulte des termes même de l'article 6 § 1 de la Conv. EDH

L'inapplicabilité des garanties du procès équitable résulte des termes même de l'article 6 § 1 de la Conv. EDH. Ces garanties ne jouent que dans l'hypothèse où un « *tribunal (...) établi par la loi* » doit décider des contestations sur des droits et obligations de caractère civil ou du bien-fondé de toute accusation en matière pénale. Cette hypothèse n'est pas celle des modes alternatifs de règlement des conflits.

L'arbitrage lui-même, qui est pourtant juridictionnel en raison de son objet, n'est pas assujetti aux dispositions de l'article 6 § 1 dans la mesure où le tribunal arbitral n'est pas non plus établi par la loi. La solution résulte d'un arrêt très clair de la Cour de cassation française (Civ. 1re, 20 févr. 2001, *Cubic*, n° 99-12.574), même si la Cour européenne des droits de l'homme a pu donner le sentiment d'une décision contraire dans un arrêt sans réelle portée (CEDH 3 avr. 2008, *Regent Company c/ Ukraine*, n° 773/03). En définitive, pour l'arbitrage, la solution repose sur un équilibre subtil mais efficient : l'art. 6 § 1 de la Conv. ne s'applique pas formellement, mais les garanties du procès équitable s'y retrouvent nécessairement, s'agissant d'une justice à part entière, en tant qu'elle est l'œuvre d'un juge.

Les autres modes alternatifs de règlement des conflits, purement conventionnels, aussi bien par leur source que par leur objet, y échappent donc *a fortiori*. La question peut cependant se poser de savoir s'il n'y a pas atteinte au droit au procès équitable dans le fait même que le différend n'est pas jugé par une juridiction établie par la loi, mais fait l'objet d'un mode amiable de résolution. Les MARC ne seraient-ils pas atteints, de manière générale, d'un vice rédhibitoire tenant à la privation du droit d'accès à la justice ? La Cour européenne des droits de l'homme ne l'entend pas ainsi. Les justiciables peuvent toujours renoncer aux garanties du procès équitable dès lors que cette renonciation est libre et éclairée et que le chemin des juridictions reste toujours ouvert en cas d'échec (CEDH 21 févr. 1975, *Golder*, Série A, n° 18, spéc. §§ 31-36). D'ailleurs, la Convention européenne des droits de l'homme consacre elle-même la possibilité d'un règlement amiable du contentieux qui lui est soumis (art. 39) et, au-delà de la convention, le Conseil de l'Europe n'est pas avare de recommandations tendant à favoriser, en les encadrant, les modes alternatifs de règlement des conflits, la médiation en particulier, avec la Recommandation (98) 1 sur la médiation familiale, la Recommandation (99) 19 sur la médiation en matière pénale, la Recommandation (2001) 9 sur les modes alternatifs de règlements des litiges entre les autorités administratives et les personnes privées et la Recommandation (2002) 10 sur la médiation en matière civile. En particulier, la Recommandation du Conseil de l'Europe sur la médiation civile appelle seulement les États à s'assurer que la restriction contractuelle à l'exercice du droit d'action ne conduit pas à une limitation excessive du droit d'accéder aux tribunaux (principe n° 5). Or, en droit français, les clauses de conciliation/médiation tout comme la convention de procédure participative, ainsi qu'il a été exposé, ne créent qu'un empêchement temporaire à agir en justice ; elles ne privent jamais un justiciable de la possibilité de saisir ensuite la juridiction compétente pour connaître du litige. En eussent-elles le projet, qu'elles seraient présumées abusives (art. R. 132-2, 10° C. consom.).

Les garanties du procès équitables ne sont pas plus applicables aux modes amiables de règlement des conflits que ceux-ci ne sont, par eux-mêmes, contraires au droit à un procès équitable. À cette première considération, générale, s'en ajoute une autre, subsidiaire, que les garanties du procès équitable ne sont pas forcément appropriées aux modes alternatifs de règlement des conflits.

B – Les garanties du procès équitable ne sont pas forcément appropriées aux modes amiables de règlement des conflits

Les garanties du procès équitables sont avant tout une protection des justiciables face aux États ; elles n'ont de sens que dans la mesure où la solution du litige est imposée aux justiciables par raison d'autorité ; elles se conçoivent donc, par hypothèse, sur le terrain de l'administration de la justice publique. D'où, singulièrement, l'importance attachée au principe de la publicité des audiences, dont une cour d'appel a jugé qu'il était « *de nature à permettre d'éviter la suspicion sur l'impartialité des juges qui se prononcent au nom du Peuple français et sous son contrôle* » (Douai 2 oct. 1997, *D.* 1997. IR. 230). Cette exigence est dépourvue de signification dans les modes alternatifs de règlement des conflits. Il est dans la nature de ce mode conventionnel de résolution des conflits, librement choisi par les parties elles-mêmes, de demeurer privé.

De même, si les causes doivent être entendues dans un délai raisonnable, c'est pour éviter que les intérêts des justiciables soient soumis au seul bon vouloir de l'autorité publique. Cela est si vrai que le caractère raisonnable de la durée d'une procédure ne s'apprécie pas seulement suivant les circonstances de la cause, la complexité de l'affaire et le comportement des autorités compétentes ; le comportement du justiciable sera également pris en compte. Ainsi un délai sera plus ou moins raisonnable selon que le justiciable aura lui-même été moins ou plus négligent. En principe, cette raison-là n'a pas d'objet dans les modes amiables de règlement des litiges dont le cours et la durée dépendent des parties elles-mêmes, libres d'aller plus ou moins vite selon que leur intérêt est d'obtenir une solution rapide du différend ou impose au contraire de prendre le temps d'en assurer la résolution. Au demeurant, les modes alternatifs de règlement des litiges se signalent plutôt comme des procédures rapides.

Pour certaine et justifiée qu'elle soit, cette indifférence réciproque, sinon cette incompatibilité, des garanties du procès équitable et des modes amiables de règlement des conflits n'est pas sans limite.

II – Les limites

L'épithète « alternatif » utilisé pour désigner les modes extrajudiciaires de résolution des conflits ne doit pas égarer : les deux catégories du procès juridictionnel et du règlement amiable ne sont pas séparées par une cloison étanche.

Les procédures conventionnelles ne sont pas seulement intéressantes, intrinsèquement, en raison de la diversification du modèle de la conciliation qu'elles réalisent sous l'étiquette nouvelle des modes alternatifs de règlement des conflits. Elles se signalent aussi par la transformation qu'elles opèrent dans la nature juridique de l'accord ainsi conclu entre les parties. Aux termes, en effet, des articles 131 et 131-12 du Code de procédure civile, l'accord conclu entre les parties est soumis à l'homologation d'un juge, cette homologation relevant de la matière gracieuse. Sauf à refuser à la matière gracieuse une nature juridictionnelle que le Code lui reconnaît incontestablement ou à dissocier l'accord, qui demeurerait contractuel, et la décision d'homologation, qui serait juridictionnelle, force est d'observer que l'accord des parties cesse, dans ces cas, d'avoir une nature conventionnelle pour acquérir une nature juridictionnelle dont il doit alors épouser les caractères et accueillir les conséquences, notamment du point de vue des voies de recours. Cette anamorphose est surprenante par rapport aux enseignements traditionnels en la matière. Elle est cependant remarquable du point de vue de la tendance du droit français à articuler règlement amiable et solution judiciaire des litiges en un système de justice pluriel (L. Cadiet, « Solution judiciaire et règlement amiable des litiges. De la contradiction à la conciliation », *in Mélanges Claude Champaud*, Dalloz, 1997, p. 123).

À ce premier intérêt, s'ajoute, surtout, un second qui tient au décloisonnement des champs du contrat et du procès qu'opère l'évolution contemporaine de la conciliation judiciaire. Il n'y a plus, d'un côté, le procès, phénomène d'institution et d'autorité, et de l'autre, la conciliation, phénomène de convention et de négociation. Procès et contrat se combinent, cette combinaison correspondant à l'évolution contemporaine de l'office du juge (v. J. van Compernolle, « Vers une nouvelle définition de la fonction de juger : du syllogisme à la pondération des intérêts », *in Hommage à François Rigaux*, Bruylant, 1993, p. 495 ; F. Ost, « Jupiter, Hercule, Hermès : trois modèles du juge », *in* P. Bouretz [dir.], *La force du droit. Panorama des débats contemporains*, Esprit éd., 1991, p. 241). Le procès s'ouvre à la convention des parties et, plus largement encore, à la négociation des intérêts : en un dégradé subtil, l'office du juge se décline en une multitude d'expressions possibles, depuis le jugement contentieux le plus pur, rendu contradictoirement selon les règles de droit, jusqu'au simple *exequatur* de la convention des parties, en passant par les figures intermédiaires du jugement d'expédient, du jugement rendu en équité, du jugement gracieux homologuant la convention des parties ou du banal donné-acte de l'accord des parties sur la solution du litige. Et l'on ne dit rien des nombreuses hypothèses dans lesquelles les parties vont conventionnellement organiser la procédure judiciaire elle-même au moyen d'accords relatifs à la juridiction en cours de procès, accords processuels, parfois appelés contrats de procédure dans la pratique judiciaire. Le contrat est désormais aussi une technique de gestion des procédures, y compris sous la forme des conventions collectives, avec les protocoles de procédure (L. Cadiet, J. Normand, S. Amrani-Mekki, *Théorie générale du procès*, préc., spéc. p. 537 et s.).

De manière symétrique, la convention des parties qui, en général, n'ignore pas les phénomènes d'adhésion, voire d'abus, se laisse parfois saisir, sur le terrain de la solution des litiges, par une tendance à son institutionnalisation. Les modes amiables de règlement des conflits subissent eux-mêmes l'influence du procès ; en quelque sorte, ils se procéduralisent. Cette procéduralisation peut être observée y compris en matière de conciliation extrajudiciaire. Dans sa mise en œuvre, la conciliation extrajudiciaire ne relève pas de la génération spontanée ; sans doute, la solution du différend y résulte-t-elle d'un accord des parties, qui prend ordinairement la forme d'un contrat de transaction, mais ce contrat est le plus souvent le fruit d'un processus de négociation plus ou moins long au cours duquel les parties échangent leurs arguments et leurs propositions. Le contrat n'est pas seulement *contractus* ; il est d'abord *contrahere.* La conciliation et la médiation sont définies comme des processus structurés (art. 1530 C. pr. civ.). Du processus à la procédure, il n'y a qu'un pas que franchissent les conciliations institutionnalisées par la loi, comme celles qui sont confiées aux conciliateurs de justice dans le ressort des juridictions judiciaires, celles qui sont organisées sous l'égide d'organismes spécialisés, centres de médiation, et même certains modes amiables de règlement des conflits nés de la pratique contractuelle, comme le *mini trial*. Le *mini trial* est un procès simulé consistant en une mini audience, non judiciaire, au cours de laquelle les avocats des deux parties plaident leur dossier devant un tiers neutre. L'avis de ce tiers doit éclairer les parties sur le sort qui serait réservé à l'affaire en cas d'action en justice et, en les amenant à une évaluation plus réaliste de leurs chances de succès, il doit les conduire à transiger plus facilement.

L'issue des modes alternatifs de règlement des conflits peut également être matière à procéduralisation, qu'il s'agisse de solliciter du juge qu'il renforce l'autorité de la transaction conclue entre les parties par l'homologation ou qu'il s'agisse, au contraire, d'en contester la validité ou l'efficience par l'exercice d'une action en nullité ou d'une action en résolution. Les modes alternatifs de règlement des conflits n'excluent nullement le recours au juge. Ce recours est toujours latent ; il n'est, dans le pire des cas, que différé, sous forme totale ou partielle, comme dans l'arbitrage. L'article 6 § 1er de la Conv. EDH apparaît en une sorte d'ombre chinoise, celle du juge judiciaire qui pourrait être amené à se prononcer le cas échéant.

De cette articulation des modes amiables de règlement des conflits et du procès, il résulte nécessairement, sinon une osmose, du moins une certaine porosité de leurs principes mutuels. Il n'est pas étonnant, dès lors, que l'absence des garanties du procès équitable dans les modes alternatifs de règlement des conflits n'empêche pas l'existence de garanties d'une solution équitable.

Section 2 L'existence de garanties d'une solution équitable dans les modes alternatifs de règlement des conflits

La nécessité d'entourer de garanties les modes alternatifs de règlement des conflits n'est pas nouvelle. Les Code civil et Code de procédure civile en portent témoignage à travers les conditions auxquelles ils subordonnent le recours à la transaction, à la clause compromissoire, au compromis et à la convention de procédure participative : conditions de forme, tenant à la nécessité de rédiger ces contrats par écrit ; conditions de fond, tenant à la nécessité, pour les parties, d'avoir la libre disposition des droits litigieux, auxquelles la jurisprudence a pu ajouter des conditions spécifiques pour certaines de ces conventions, comme l'existence de concessions réellement réciproques dans la transaction. Mais il s'agit là de garanties de droit substantiel, concernant l'accord des parties lui-même et non pas le processus qui y conduit, comme dans le cas de la transaction, ou qui en résulte, comme dans le cas de l'arbitrage. Ce sont ces garanties d'ordre processuel ou procédural qu'il faut envisager ici comme garantie de la conciliation équitable. Leur nécessité est d'apparition plus récente. Les unes sont inspirées des exigences du procès équitable (I) ; les autres sont spécifiques aux modes alternatifs de règlement des conflits (II).

I – Les garanties inspirées du procès équitable

Toutes les garanties du procès équitable ne sont pas incompatibles avec les modes alternatifs de règlement des conflits. Si l'article 6 § 1 Conv. EDH n'est pas applicable, *formellement*, en tant que tel aux modes de solution extrajudiciaire des litiges, il n'en demeure pas moins que certaines exigences du procès équitable valent, *rationnellement*, pour les règlements alternatifs. La raison justifiant leur application aux procès devant les tribunaux établis par la loi se retrouve également dans les MARC et cette raison est que les modes alternatifs de résolution sont, à l'égal des procès judiciaires, des procédures de règlement des conflits. Ces garanties sont de deux sortes : les unes, communes à toutes les procédures, tiennent aux parties en conflit (A) ; les autres, particulières à certaines procédures, tiennent aux qualités du tiers (B).

A – Les garanties tenant aux parties

Ces garanties soulèvent la question de l'applicabilité du principe de la contradiction aux modes alternatifs de règlement des conflits. À l'exception de l'arbitrage où elle ne se pose pas tant la réponse est évidente, cette question est débattue ; elle l'est principalement à propos de la médiation, mais aussi des autres MARC, qu'ils fassent ou non intervenir un tiers pour aider les parties à trouver une solution d'entente.

Deux séries d'arguments sont invoquées pour soutenir la thèse de l'inapplicabilité du principe de la contradiction. Dans l'ordre des principes, tout d'abord, l'idée est que le contradictoire est une règle fondamentale du procès, inhérente au procès, donc limitée au procès ; or, les modes amiables en général, la médiation en particulier, ne s'analyseraient pas en une procédure. Sur un registre plus technique ensuite, les règles organisant la contradiction dans le procès seraient trop rigides, ce qui serait incompatible avec la nécessaire souplesse qui doit présider à la résolution amiable. Spécialement, en matière de médiation, le médiateur doit pouvoir entendre les parties séparément, cette « navette » (*caucus*) permettant de rapprocher les parties, « *pas à pas, d'explication en explication, concession après concession* » (Ch. Jarrosson, « Le principe de la contradiction s'applique-t-il à la médiation ? », *RGDP* 1999, p. 764, spéc. p. 767).

À cette thèse, il n'est pas difficile d'opposer des arguments contraires. D'abord, sur le plan des principes, la contradiction n'est pas qu'une règle fondamentale du procès, le *Vocabulaire juridique* du Doyen Cornu la définissant plus largement comme « *une opération (judiciaire ou extrajudiciaire) à laquelle tous les intéressés ont été mis à même de participer, même si certains n'y ont pas été effectivement présents ou représentés, mais à la condition que tous y aient été régulièrement convoqués de telle sorte que le résultat de cette opération leur est, à tous, opposable* » (*V°* « Contradictoire »). Et, de manière encore plus générale, le Doyen Carbonnier définit le droit comme « *l'art du contradictoire* » en expliquant que la science du droit dans son ensemble est une science de la contradiction et qu'à la différence des autres sciences, exactes ou sociales, dans lesquelles un problème ne saurait normalement comporter qu'une solution, tout problème en droit en comporte au moins deux. « *Chacune des prétentions contradictoires est*, a priori, *plaidable, puisqu'on la plaide, et si elle est plaidable, elle est probable. Tout opinion tend à devenir du droit, et il n'y a dans le droit que des opinions diversement probables* » (J. Carbonnier, *Droit civil*, vol. 1er *Introduction*, PUF, coll. Quadrige, 2004, spéc. n° 28). La contradiction permet de choisir l'opinion qui doit être tenue pour vraie, de définir la solution qui sera tenue pour juste par les parties. Voilà qui vaut encore plus pour les modes amiables de règlement des conflits que pour les procès judiciaires, la réussite de la solution conventionnelle du conflit étant à la mesure de son acceptation par les parties. Spontanément, du reste, la pratique conciliatoire a tendance à se procéduraliser pour offrir les garanties nécessaires à une solution équitable des litiges. L'observation en est manifeste dans le *mini trial*, déjà évoqué, où sont mimées les conditions du procès pour permettre d'aboutir à la meilleure transaction possible.

Quant aux arguments techniques, il est excessif d'opposer la rigidité des procédures juridictionnelles et la souplesse des modes amiables de règlement des conflits. D'abord, ceux-ci ne sont pas le règne du n'importe quoi ; ce sont des processus structurés, obéissant à des règles de procédure précises (art. 1530 C. pr. civ. : « *tout processus structuré* »), dont certains segments sont même expressément soumis à la contradiction (ex. la mise en œuvre d'une expertise dans le cadre de la procédure participative : art. 1549 C. pr. civ.). En outre, le principe du contradictoire n'est pas aussi rigide que cela et il n'interdit pas au juge, par exemple, d'entendre une partie hors la présence de l'autre, ou un témoin hors la présence des parties, même si, bien sûr, cette modalité n'est pas la règle ordinaire (art. 189 et 208 C. pr. civ.). Le législateur a même fini par consacrer la possibilité de navettes séparées entre le juge et les parties à la médiation judiciaire (art. L. 1454-1 C. trav. : « *Dans le cadre de [sa] mission, le bureau de conciliation et d'orientation peut entendre chacune des parties séparément…* »). Tel est précisément ce que permet le mode amiable par rapport au mode juridictionnel. Cette différence d'usage de la contradiction s'explique précisément parce que la solution ne pourra pas être imposée. Dans le mode amiable, la diffraction du contradictoire est en quelque sorte compensée par la nécessaire acceptation de la solution.

En vérité, à travers le contradictoire, l'essentiel est que la loyauté du processus de conciliation soit recherchée et garantie car elle est le moyen d'atteindre la justice. Or la loyauté est une exigence contractuelle aussi bien que processuelle ; elle est au service du juste jugement aussi bien que du juste contrat. Les modes alternatifs de règlement des conflits ayant une double nature contractuelle et processuelle puisent à ces deux sources la nécessité d'assurer, doublement, la loyauté de règlement du litige. Ce qui est à l'œuvre dans le principe du procès équitable, c'est la justice *as fairness*, la justice conçue comme équité procédurale ou, plus exactement, comme procédure équitable, le juste égalé avec une procédure tenue pour équitable, loyale, *fair*. Ce qui a été dit plus haut à propos du procès judiciaire peut être étendu aux procédures contractuelles qui caractérisent les règlements amiables. Avant que d'être saisie dans la substance du jugement prononcé ou du contrat conclu, la justice doit s'observer dans le déroulement des procédures qui y conduisent. La justice, c'est aussi le processus qui y conduit. Il est, du coup, assez secondaire de voir dans cette garantie une application du principe de la contradiction ou une application du principe de bonne foi.

Lorsque le règlement amiable passe par l'intervention d'un tiers, il appartient bien sûr à celui-ci de veiller à la loyauté du processus de conciliation. Mais cette intervention fait alors apparaître la question de sa propre loyauté, et, avec elle, la nécessité d'autres garanties.

B – Les garanties relatives au tiers

Les garanties tenant au tiers sont principalement annoncées par l'article 6 § 1 Conv. EDH. Il s'agit de l'indépendance et de l'impartialité. Sans doute, comme on l'a déjà relevé, cet article ne s'applique pas en tant que tel aux modes alternatifs de règlement des conflits, mais ici, comme pour la contradiction, ces deux garanties sont imposées par des exigences qui dépassent le seul cadre juridictionnel : l'indépendance et l'impartialité sont requises du tribunal, non pas parce qu'il est un tribunal, mais parce qu'il est un tiers par rapport aux parties. Il n'en va pas différemment du tiers sollicité d'intervenir dans les modes amiables de règlement des conflits. Le fait que l'un juge tandis que l'autre aide les parties à résoudre elles-mêmes leur différend ne change rien à la condition de tiers qu'ils ont en commun. D'ailleurs, étymologiquement, l'impartialité vient de « *pars* » qui signifie partie. Le tiers est celui qui n'est pas partie, qui ne prend pas parti. Il doit au contraire maintenir la balance égale entre les parties, rester à la juste distance qui seule confère légitimité à son intervention. Ainsi que l'écrit Aristote, « *quand on aura trouvé l'homme du juste milieu, on parviendra à obtenir justice* » (*Éthique à Nicomaque*, Livre V, chap. IV). Nul ne conteste la nécessité de cette exigence qu'imposent clairement et unanimement les quelques dispositions relatives aux modes alternatifs de règlement des conflits, dans l'ordre interne comme dans l'ordre international, sauf à apporter deux précisions.

La première est que si l'exigence d'impartialité ne fait aucun doute, il est permis de s'interroger sur la portée de l'exigence d'indépendance dans les modes alternatifs de règlement des conflits. Elle a assurément un sens s'agissant des tribunaux établis par loi ; il s'agit de protéger les parties en assurant la protection du juge par rapport à la puissance publique qui l'a institué. Mais lorsque le juge est investi par les parties elles-mêmes, est-ce la même chose ? La réponse est affirmative pour la raison, précisément, qu'il est un juge, même si c'est un juge privé. Comme le juge public au fond, il doit être indépendant de ceux qui l'ont investi, si ce n'est qu'alors son indépendance et son impartialité ne font qu'une. De même, lorsque le tiers est un conciliateur choisi par les parties elles-mêmes, l'indépendance n'a pas de réalité distincte de l'impartialité dont il doit faire preuve à l'égard des parties. À la formule de l'article 131-5, 5° que le Code de procédure civile réserve au médiateur judiciaire, il faut donc préférer la disposition de l'article 1530 du Code de procédure civile, qui ne vise que l'impartialité à propos de la conciliation et de la médiation conventionnelles. Il serait d'ailleurs plus pertinent de se référer à la neutralité plutôt qu'à l'indépendance. C'est cette notion que l'on retrouve avec le tiers neutre dans les procédures américaines du *mini trial* (*neutral advisor*) ou d'évaluation préalable (*early neutral evaluation*). La neutralité ajoute à l'impartialité cette idée que le tiers conciliateur ou évaluateur n'a pas à imposer de solution, tenterait-il seulement d'user d'un rapport de force psychologique en sa faveur, ni même guider les parties dans un sens particulier quant à la solution de leur litige. Il n'est qu'un facilitateur dont la maïeutique doit permettre aux parties de découvrir elles-mêmes les termes de leur accord. À proprement parler, l'article 131-1 du Code de procédure civile, relatif à la médiation judiciaire, ne dit rien d'autre : « *Le juge saisi d'un litige peut, après avoir recueilli l'accord des parties, désigner une tierce personne afin d'entendre les parties et de confronter leurs points de vue pour leur permettre de trouver une solution au conflit qui les oppose* ».

La deuxième précision est que l'impartialité du tiers a pour corollaire l'égalité des armes entre les parties. C'est parce qu'il est impartial que le tiers doit et peut veiller à ce que les parties soient également traitées. Cette égalité des armes, comme le principe du contradictoire avec laquelle elle est souvent confondue, est une garantie de la loyauté de la procédure de règlement du litige (L. Cadiet, J. Normand, S. Amrani-Mekki, *Théorie générale du procès*, préc., spéc. n° 175). Pour l'arbitrage international, elle est même expressément rappelée dans le Code de procédure civile en tant que principe « d'égalité entre les parties » (art. 1510 C. pr. civ.). Le tiers conciliateur a tout autant l'obligation de s'assurer qu'une partie n'est pas désavantagée par la crainte que pourrait lui inspirer l'autre partie et il doit conduire la médiation de manière à prévenir ou corriger les abus de puissance d'une partie sur l'autre. La tâche n'est pas simple car la frontière est ténue entre la correction d'une inégalité et la rupture de l'égalité en sens contraire. Si l'exercice lui paraissait impossible, il conviendrait donc que le tiers conciliateur renonce à sa mission et que, sans doute, la voie du règlement amiable soit abandonnée au profit d'une procédure contentieuse. Au regard de l'égalité des armes, l'assistance d'un avocat est bien sûr une bonne chose, à condition du moins qu'elle bénéficie à chaque partie ; son opportunité est à la mesure du déséquilibre caractérisant les relations entre les litigants. Il faut se réjouir, à cet égard, de l'extension du système de l'aide juridictionnelle aux procédures alternatives.

De manière plus générale, en dehors même de l'impossibilité d'assurer l'égalité des armes, l'exigence d'impartialité devrait conduire le tiers conciliateur ou évaluateur à refuser la mission qui lui est confiée ou à y renoncer s'il supposait, en sa personne, un motif de récusation. Il n'est pas opportun, en revanche, de prévoir, au profit des parties, la possibilité de récuser le tiers dès lors que celui-ci ne peut être désigné qu'avec leur accord. Et toujours dans cet ordre d'idées, le tiers qui a accepté et assumé une mission de règlement amiable ne saurait, par la suite, intervenir, dans le même conflit, en qualité de témoin, d'expert ou de conseil de l'une des parties. Il y aurait là un cumul de fonctions contraire à l'exigence d'impartialité en même temps qu'à d'autres garanties, cette fois-ci spécifiques, du règlement alternatif.

II – Les garanties spécifiques aux règlements alternatifs

Les modes alternatifs de règlement des conflits sécrètent, au profit des parties en conflit, d'autres garanties que celles du procès équitable. Ces garanties spécifiques résultent de l'origine contractuelle des modes alternatifs. Il s'agit certes de la confidentialité (A), mais également, aussi évident que cela puisse paraître de prime abord, la garantie du consentement (B).

A – La confidentialité

La confidentialité est une garantie essentielle des modes alternatifs de règlement des conflits. Elle est expressément exigée des textes organisant les MARC, à l'instar de l'article 131-14 C. pr. civ., relatif à la médiation judiciaire, et de l'article 1531 C. pr. civ. en ce qui concerne la conciliation et la médiation conventionnelles. Elle est même renforcée en matière de médiation pénale (art. R 15-33-34 qui, plus radicalement encore, soumet le médiateur, et le délégué du procureur de la République, « *à l'obligation du secret dans les conditions fixées par l'article 226-13 du Code pénal* »). En matière d'arbitrage, la règle est posée à l'article 1464, alinéa 4, du Code de procédure civile pour l'arbitrage interne, mais rien n'est énoncé pour l'arbitrage international, ce qui engendre une incertitude. D'aucuns estiment que ce n'est pas nécessaire car il s'agit d'un principe de l'arbitrage international ; d'autres interprètent ce silence *a contrario* de l'arbitrage interne. Hormis ce doute sur l'arbitrage international, chaque participant aux modes alternatifs de règlement des conflits est tenu par le principe de confidentialité : les litigants, bien sûr, mais aussi leurs conseils, quand ils en ont, et le tiers conciliateur ou arbitre, sans oublier le centre organisateur s'il y en a un. Celui qui contreviendrait au devoir de confidentialité commettrait une faute susceptible d'engager sa responsabilité civile et les informations ainsi rendues publiques devraient être, en principe, écartées des débats auxquels elles auraient été irrégulièrement versées (V. art. 21-3, Loi n° 95-125 du 8 février 1995, qui réserve quelques hypothèses de divulgation comme, par exemple, en présence de raisons impérieuses d'ordre public ou de motifs liés à la protection de l'intérêt supérieur de l'enfant ou à l'intégrité de la personne).

Les justifications en sont bien connues : la confidentialité tient à la nature même du règlement alternatif qui est d'organiser une justice privée là où la justice publique postule, au contraire, la publicité des débats et du jugement. Les parties doivent pouvoir participer librement et en toute confiance à la tentative de résolution de leur conflit sans craindre que les informations qu'elles communiqueront, les propositions qu'elles feront, le comportement qu'elles auront ne se retournent ultérieurement contre elles dans l'hypothèse où le conflit serait rendu public. En dehors de sa fonction protectrice de certains secrets des affaires et empêcheuse, par l'externalisation, de cristalliser le litige, la confidentialité a pour but de favoriser l'échange des informations et la sincérité des discussions, et, partant, l'accord ou la solution. La confidentialité est aussi, lorsqu'un tiers intervient pour concilier, une condition de la confiance dont les parties l'investiront et du crédit qui pourra s'attacher aux propositions de solution qu'il sera amené à leur présenter. La garantie n'a donc de sens que si elle s'étend à l'issue du processus de règlement, spécialement en cas d'échec.

En matière de conciliation judiciaire, l'exigence de confidentialité est une raison supplémentaire, à côté de celle d'impartialité, d'être méfiant à l'égard de modes alternatifs hybrides, comme le *med-arb*, faisant succéder un arbitrage après l'échec d'une médiation, mais aussi de douter de la possibilité et de l'opportunité, pour un juge conciliateur, de trancher le litige en cas d'échec de la tentative de conciliation, surtout lorsque ce juge est un juge unique, ce qui est le plus souvent le cas. D'où le développement contemporain des formes de conciliation judiciaire déléguée, comme la médiation. Seul l'accord réitéré des parties après l'échec de la phase conciliationnelle permet de justifier pareil cumul de fonctions, de même que seul l'accord des parties délie du secret les informations échangées pendant la conciliation. Derrière l'exigence de confidentialité, se profile en effet une autre garantie spécifique aux modes de règlement amiable : le consentement des parties.

B – Le consentement

Le consentement n'est généralement pas présenté comme une garantie du règlement alternatif des conflits. Sans doute parce qu'il va de soi en raison de leur nature contractuelle. Dans les MARC, les parties conservent la maîtrise de leur différend, qu'elles peuvent commencer, suspendre ou arrêter, mais à la condition d'être d'accord. Dans un mode amiable, une partie seule peut mettre fin au processus ; nul ne peut être concilié contre son gré, ni même en son absence, d'où l'exigence de la comparution des parties dans les procédures judiciaires débutant par un préliminaire de conciliation. L'exigence de consentement présente cependant une utilité particulière dans les procédures de conciliation judiciaire lorsque le juge entend confier le soin de la tentative de règlement amiable à un tiers car le statut du juge peut alors faire craindre qu'il soit porté atteinte aux intérêts des parties ; une observation comparable pourrait être faite à propos du ministère public dans la médiation pénale (art. 41-1, 5° C. pr. pén.). D'où, dans ces matières, la référence fréquente, mais non pas absolue (ainsi pour la mise en œuvre de la conciliation judiciaire préalable déléguée à un conciliateur de justice) à l'accord des parties, qu'il s'agisse du principe même du recours à ce mode de règlement amiable et de la désignation du tiers (ex. art. 131-1, 131-6, 1532, 1539 C. pr. civ. ; art. L. 211-4 CJA), d'une descente sur les lieux, de l'audition de tierces personnes ou du recours à un expert (ex. art. 129-4, 131-8, 1538, 1547, 1552 C. pr. civ.) ou encore de la divulgation d'informations confidentielles (ex. art. 131-14 C. pr. civ.). Le consentement des parties est la pierre angulaire des MARC, sans lequel ils perdent toute légitimité et toute efficacité. Ce qui explique que, parfois, le consentement est un peu étiré, comme par exemple dans l'arbitrage.

Sans doute, la garantie du consentement pourrait-elle être étendue et renforcée, aussi bien dans la mise en œuvre des modes alternatifs de règlement des conflits, surtout lorsqu'ils interviennent devant les juridictions, qu'en ce qui concerne l'accord final des parties sur la solution de leur différend. La Recommandation sur la médiation civile du Conseil de l'Europe paraît bien aller en ce sens. C'est pour en garantir la qualité qu'elle insiste pour qu'un document écrit soit rédigé à la fin de chaque processus de médiation afin de définir l'objet, l'étendue et l'issue de l'accord, les parties devant alors pouvoir bénéficier d'un délai de réflexion limité et accepté par elles entre le moment où l'accord est rédigé et la date où il est signé (principe n° 16). Ainsi que nous l'avons exposé, la contrepartie de cette exigence est de donner pleine foi à la parole donnée (art. 1134 C. civ.) et de veiller scrupuleusement à son respect en frappant d'irrecevabilité les actions en justice exercées en violation d'une clause de conciliation librement et valablement consentie (Cass., ch. mixte, 14 févr. 2003, préc.).

En définitive, la frontière est assez mince entre la solution juridictionnelle et la solution conventionnelle des conflits. Entre ces deux modes de solution, les nuances s'observent davantage que les contrastes. Si elles ne sont pas identiques, les garanties qu'offrent ces deux modes de règlement des litiges doivent donc être équivalentes. Au droit à un procès équitable, doit ainsi répondre le droit à une conciliation équitable.

Lire aussi

P. Ancel et M.-Cl. Rivier (dir.), *Le conventionnel et le juridictionnel dans le règlement des différends*, Economica, 2001 ; S. Carré, « La confidentialité dans le règlement amiable des litiges », *LPA* 5 et 8 août 1995, p. 17-25 ; J. van Compernolle et G. Tarzia (dir.), *L'impartialité du juge et de l'arbitre. Étude de droit comparé*, Bruylant, 2006 ; Ch. Panou, *Le consentement à l'arbitrage. Étude méthodologique du droit international privé de l'arbitrage*, préf. V. Heuzé, Éditions de l'Institut de Recherche juridique de la Sorbonne, 2011 ; L. Cadiet, « Procès équitable et modes alternatifs de règlement des conflits », *in* M. Delmas-Marty, H. Muir Watt et H. Ruiz-Fabri (dir.), *Variations autour d'un droit commun. Premières rencontres de l'UMR de droit comparé de Paris*, Société de législation comparée, 2002, p. 89 ; L. Cadiet, « Modes alternatifs de règlement des litiges et le droit », *in* P. Chevalier, Y. Desdevises et Ph. Milburn (dir.), *Les modes alternatifs de règlement des litiges : les voies nouvelles vers une autre justice*, Avant-Propos de P. Catala et G. Flécheux, La documentation française, 2003, p. 255 ; X. Lagarde : « Droit processuel et modes alternatifs de règlement des litiges », *Rev. arb.* 2001. 423 ; S. Guinchard, « Le procès équitable : garantie formelle ou droit ? », *in Philosophie du droit et droit économique. Quel dialogue ? Mélanges Gérard Farjat*, Frison-Roche éd., 1999, p. 139.

Chapitre 2

Économie financière des modes alternatifs de règlement des conflits

Si les modes alternatifs de règlement des conflits sont souvent présentés comme étant moins chers que la solution judiciaire des litiges, ce qui expliquerait pour partie la faveur dont ils bénéficient, ils n'en ont pas moins un coût qu'il convient d'évaluer et d'imputer. Quel est ce coût (section 1) et qui le supporte (section 2) ?

Section 1
L'évaluation du coût de la solution conventionnelle du litige

Il est, traditionnellement, difficile de connaître la réalité du coût de la solution *judiciaire* des litiges, et il n'est pas interdit de considérer que c'est une grave lacune de notre droit processuel. Les jugements prononcés par les juridictions françaises contiennent bien sûr des dispositions relatives aux dépens et aux frais dits « irrépétibles ». Mais ces informations ne sont pas exploitées par les statistiques judiciaires ; au demeurant, elles ne fourniraient qu'une idée approximative du coût de la solution d'un litige car elles correspondent, pour l'essentiel, à la rémunération, le plus souvent barémisée, des auxiliaires de justice (sur les différents tarifs des professions judiciaires, v. *Code de procédure civile*, ann. L. Cadiet, LexisNexis, 2016, Annexe 2, V, réformés par Décr. n° 2016-217 du 26 févr. 2016, pris en application de la loi *Macron* du 6 août 2015). La difficulté devient impossibilité s'agissant des MARC, qui sont enveloppés par le halo de la confidentialité. Seules quelques indications générales peuvent donc être données sur la manière dont se compose le coût de la solution conventionnelle du litige, donnée qualitative (I), ainsi que sur la manière dont son montant peut être apprécié, donnée quantitative (II).

I – Détermination qualitative du coût

Les frais entrant dans la détermination du coût de la solution conventionnelle des litiges se limitent à peu de chose *lorsque cette solution est directement négociée par les parties elles-mêmes* : frais de communication, surtout, frais de déplacement, peut-être, temps passé enfin (qui a un coût pour les entreprises) et c'est à peu près tout.

Il en va différemment *dès lors que la solution du litige requiert l'intervention d'autres personnes que les parties intéressées*. Les professionnels du droit prodiguant leurs conseils participent souvent à ce règlement conventionnel du litige : ils vont conduire les négociations puis, le cas échéant, rédiger les actes juridiques préparant ou constatant l'accord des parties. Il faut y ajouter, assez souvent, les tiers impartiaux chargés de concilier les parties dans le cadre d'une médiation ou de les départager dans le cadre d'un arbitrage. Peuvent enfin fermer le ban les techniciens investis d'une mesure d'instruction et les institutions permanentes organisant conciliations ou arbitrages. Honoraires divers et frais administratifs viennent alors accroître le coût de la solution conventionnelle du litige. Cette augmentation est d'autant plus forte que cette solution a tendance à s'institutionnaliser, recréant ainsi les inconvénients qui dissuadent les justiciables de recourir à l'institution judiciaire, ce qui est susceptible de provoquer deux types de réaction.

La première se traduit par la recherche de solutions toujours plus alternatives faisant aller de la justice étatique à la justice arbitrale et de la justice arbitrale à la justice transactionnelle. La seconde, paradoxalement, consiste au contraire dans un retour vers la solution judiciaire des litiges, ce phénomène étant d'autant plus sensible que le juge sait lui-même s'ouvrir aux modes de règlement amiable tout en rendant plus efficiente sa gestion des procédures. Il est vrai que, dans de nombreux cas qui mettent en cause des intérêts diffus ou des questions sérielles, les acteurs de la vie économique ont besoin, non pas d'une solution médiane, marquée du sceau de la confidentialité, mais d'une « *décision nette faisant jurisprudence et coupant court à toute contestation dans des cas semblables* » (B. Oppetit, « Les modes alternatifs de règlement des différends de la vie économique », préc., spéc. p. 59).

Au demeurant, la solution conventionnelle du litige ne fait pas toujours échapper les parties à la nécessité de payer, *en plus*, certains frais de justice. Il n'est pas rare qu'une procédure contractuelle soit articulée à une procédure judiciaire, celle-ci étant parfois voulue, parfois subie. Le coût supplémentaire n'est pas très important lorsque l'intervention du juge est requise pour homologuer l'accord conclu, ou pour « exequaturer » la sentence arbitrale. Les frais sont plus élevés lorsque le juge est sollicité pour régler un incident de la solution conventionnelle du litige. Le phénomène est bien connu en matière d'arbitrage avec l'intervention croissante du juge d'appui, présent désormais à tous les stades de la procédure (art. 1460 C. pr. civ.). Il est également possible d'y rattacher le contentieux suscité, de plus en plus, par l'interprétation et la contestation des transactions, ce qui est particulièrement notable en droit du travail. Tout cela contribue à une augmentation certaine du montant du coût de la solution conventionnelle des litiges. Dans quelle mesure ? Il est difficile de le préciser.

II – Détermination quantitative du coût

Le montant du coût de la solution conventionnelle des litiges est une donnée incertaine, sinon inconnue. C'est là une question que les professionnels français du droit ne confessent pas volontiers, même si la littérature sur le sujet est abondante, notamment en matière d'arbitrage. Au demeurant, en dehors de ceux dont l'intervention est tarifée, pour lesquels la question ne se pose pas, les praticiens du droit et de la justice, dans leur grande majorité, procèdent à une détermination assez pragmatique, sinon intuitive, de leurs honoraires, à partir d'un système finalement artificiel de tarification à l'heure. Nulle statistique, ici, pour éclairer le paysage. Tout au plus quelques barèmes, en matière d'arbitrage institutionnel (voir p. ex. le calculateur de coûts de la Chambre de commerce internationale : www.iccwbo.org/Products-and-Services/Arbitration-and-ADR/Arbitration/Cost-and-payment/Cost-calculator), et des éléments de connaissance empirique procurés par le contact avec la pratique transactionnelle ou arbitrale. Nous nous contenterons donc, en guise de balises, de quelques observations générales en adoptant successivement le point de vue des parties au litige (A), puis celui des tiers ayant mission d'œuvrer à la solution du litige (B).

A – Point de vue des parties au litige

S'agissant des parties, il est probable que la solution la moins chère a tendance à être considérée comme la meilleure et qu'une procédure de règlement simplifiée, supposée peu coûteuse, sera donc plus favorablement appréciée qu'une procédure de règlement compliquée, jugée plus onéreuse. Ce principe permet aussi de considérer que le justiciable acceptera une transaction si la concession qu'il fait au regard de l'avantage susceptible d'être obtenu en justice est compensée par l'économie de temps et d'argent qu'il réalise par rapport à la recherche d'une solution judiciaire (v. B. Deffains, *V°* « Économie », *in Dictionnaire de la justice*, préc.).

Mais il est tout aussi probable que cette corrélation a tendance à s'amenuiser sous l'influence de deux facteurs au moins : d'une part, lorsque le litige a des enjeux patrimoniaux importants, d'autre part, lorsqu'il porte sur des questions de principe, d'affect ou d'honneur (M.-A. Frison-Roche, « Le paramètre de la matière litigieuse dans l'analyse économique de la justice », *in* L. Cadiet [dir.], *De l'économie de la justice, RIDE* 1999/2, p. 223). Dans ces hypothèses, le justiciable hésitera moins à payer plus s'il pense pouvoir en retirer une meilleure solution. Le montant du coût qu'un justiciable est disposé à régler dépend donc de la nature ou de l'enjeu du litige. Une solution judiciaire coûteuse peut ainsi être préférée à une solution conventionnelle économique. C'est un rapport coût/avantage mêlant considérations objectives et subjectives, dans lequel entre également l'analyse que fait un justiciable de la pertinence, donc des chances de succès, de sa position juridique et, corrélativement, de la connaissance qu'il peut avoir des solutions jurisprudentielles dans les cas comparables aux siens – ce que facilite le développement des banques de données juridiques. Le professionnel du droit auquel le justiciable peut avoir recours joue à cet égard un rôle majeur. Le coût de son intervention varie ainsi selon la notoriété qui lui est reconnue, elle-même assise sur la compétence que ses titres ou ses succès lui confèrent. S'il parvient à une solution négociée rapidement, il aura fait gagner un temps précieux à son client, ce qui se traduit aussi comptablement.

Il arrive cependant que le MARC choisi, qu'il s'agisse de médiation ou parfois d'arbitrage, notamment international, se révèle finalement plus complexe et plus long que le recours à la justice étatique, ce qui va engendrer des coûts de défense plus élevés. Si l'avocat doit multiplier les écritures, les diligences, voire les incidents, cela se répercutera sur la partie qu'il représente, du moins jusqu'à ce que la sentence tranche sur l'affectation des coûts de la procédure et à la condition que ce soit son adversaire qui les supporte finalement. En d'autres termes, les honoraires d'un conseil peuvent augmenter beaucoup dans une procédure alternative. Sur ce point, il y a moins de prévisibilité que pour ce qui concerne les honoraires du tiers.

B – Point de vue des tiers participant à la solution du litige

La rémunération du tiers associé à la solution conventionnelle ou juridictionnelle du litige est un élément supplémentaire du coût de cette solution par rapport à la solution purement judiciaire. Mais, à l'inverse de ce qu'il en est souvent pour les honoraires des conseils, qui évoluent à mesure que l'instance évolue elle-même, les honoraires des tiers sont fixés au début du processus, soit directement par accord des parties, soit indirectement par référence à un barème. Ils varient essentiellement en fonction de trois facteurs qui tiennent à l'enjeu du litige, à la complexité de l'affaire qui se traduit en temps passé, et au savoir-faire du tiers (S. Harnay, « Réputation de l'arbitre et décision arbitrale : quelques éléments d'analyse économique », *Rev. arb.* 2012. 757).

Si l'arbitrage est, le plus souvent, plus onéreux que la procédure judiciaire – encore qu'on exagère souvent la réalité de ce surcoût – il n'en va pas de même pour la conciliation ou la médiation, qui obéissent aux régimes les plus divers : gratuite, en vertu de la loi (comme pour les conciliateurs de justice), ou fixée par le juge (ex. art. 131-13 C. pr. civ.), arrêtée par barème (ce qui est souvent le cas des conciliations et médiations proposées par les centres d'arbitrage et de médiation) ou, enfin, conjointement déterminée (ce qui est normalement la règle des médiations conventionnelles). C'est sans doute dans ce dernier cas que l'évaluation de la prestation du médiateur sera la plus proche de celle d'un arbitre. La ressemblance n'est pas aussi nette sur le terrain de l'imputation du coût de la solution conventionnelle du litige.

Section 2
L'imputation du coût de la solution conventionnelle du litige

Qui est appelé à supporter le coût de la solution conventionnelle du litige ? À cette question simple, il ne peut pas être répondu aussi simplement, pour deux raisons au moins. D'abord, la question de l'imputation du coût ne trouve qu'exceptionnellement sa solution dans une règle de droit (I). Ensuite, et surtout, l'identification de la partie ou des parties obligées à la dette ne doit pas masquer l'existence de mécanismes permettant de reporter sur autrui la charge définitive de la dette (II).

I – Règles d'imputation

Il peut paraître conforme à la logique contractuelle que le coût de la solution conventionnelle du litige soit également réparti entre les parties à l'accord. Mais cette opinion *a priori* doit être doublement pondérée.

En premier lieu, en matière de transaction, si l'accord repose nécessairement sur l'existence de concessions réciproques entre les parties, il n'est pas exigé que ces concessions soient strictement égales. Le plus souvent, au demeurant, les deux parties n'ont pas un égal intérêt à la transaction, l'une d'elles pouvant au contraire avoir des raisons supérieures de préférer une solution contentieuse. Tout cela conduit, s'agissant de l'imputation du coût de la transaction, à consacrer un principe de liberté plutôt que d'égalité. C'est bien ainsi que la loi règle la question dans l'hypothèse particulière de la médiation judiciaire. S'il appartient au juge de fixer la rémunération du médiateur (art. 131-13, al. 1er, C. pr. civ.), « *les parties déterminent librement la répartition entre elles de la charge des frais de la médiation* » (art. 22-2, L. n° 95-125 du 8 février 1995). C'est seulement « *à défaut d'accord* » que « *ces frais sont répartis à parts égales* », le juge conservant cependant le pouvoir d'estimer « *qu'une telle répartition est inéquitable au regard de la situation économique des parties* » (*idem*).

Le droit de l'arbitrage, en second lieu, n'offre pas l'exemple de règle équivalente dans la loi. Cette carence est cependant compensée, en matière d'arbitrage institutionnel, par les règlements d'arbitrage des institutions permanentes. Ces règlements contiennent en effet des dispositions relatives à la répartition des frais d'arbitrage. C'est ainsi par exemple que l'article 37 § 4 du Règlement d'arbitrage de la Chambre de commerce internationale prévoit que « *la sentence définitive du tribunal arbitral liquide les frais de l'arbitrage et décide à laquelle des parties le paiement en incombe ou dans quelle proportion ils sont partagés entre elles* ». Cette solution est plus proche de la règle habituelle en matière de transaction que du principe consacré devant les juridictions étatiques imputant les dépens à la partie succombante. L'origine conventionnelle de l'arbitrage y est bien sûr pour quelque chose. Dans la pratique de l'arbitrage, il est souvent fait une distinction entre, d'une part, les frais de l'arbitrage *stricto sensu*, souvent mis à la charge de la partie perdante, selon le principe « *costs follow the event* » (« les coûts suivent le principal »), et, d'autre part, les frais de défense, en général bien plus élevés, couvrant les frais de conseil et d'expertise, dont la charge définitive est répartie autrement. Traditionnellement, elle est ventilée selon plusieurs critères : le caractère raisonnable de leur montant (après tout, est-il normal que la partie qui succombe supporte les honoraires excessifs de l'avocat ou de l'expert de l'autre partie ?), la décision elle-même, qui peut être un rejet total ou seulement partiel, le sérieux de la prétention et la loyauté procédurale. La répartition finale est facilitée par le paiement préalable aux arbitres d'une provision sur frais et honoraires d'arbitrage, et les parties feront leur affaire des compensations.

Là cesse la comparaison avec les procédures transactionnelles. Il faut encore tenir compte du report possible de la charge du coût.

II – Reports d'imputation

Si le coût de la solution des litiges incombe en principe aux parties, son importance risque de pénaliser les justiciables les moins fortunés. Aussi, la collectivité est-elle sollicitée d'apporter sa contribution financière aux parties les plus défavorisées. La collectivité, c'est d'abord celle des justiciables qui, à travers l'État et grâce à l'impôt, dispense une aide juridique permettant aux plus démunis de ne pas avoir à supporter le coût de la solution des litiges (A). Mais ce système d'aide légale ne bénéficie pas à un nombre important de justiciables, appartenant aux classes moyennes, dont les revenus se situent à la frange des plafonds de l'aide légale (1 500 € pour l'aide juridique partielle en 2016). Or le poids que représente le coût d'une procédure dans la trésorerie de ces ménages n'en est pas moins difficilement supportable. En outre, l'aide légale n'est pas possible en matière d'arbitrage. La mutualisation du risque contentieux peut alors se faire au moyen d'un tiers sur qui il pèsera, soit parce qu'il a financé l'action (B), soit parce qu'il s'y est engagé par un contrat d'assurance de protection juridique (C).

A – L'aide légale

Le premier mécanisme de report du coût de la solution des litiges est organisé par la loi, depuis un siècle et demi, à travers les régimes successifs de l'assistance judiciaire, en 1851, de l'aide judiciaire, en 1971 et, surtout, de l'aide juridique en 1991. L'aide légale n'a pas été pour rien dans la démocratisation de l'accès à la justice si caractéristique du XXe siècle, si liée aussi aux évolutions de l'État providence (L. Cadiet, « Le spectre de la société contentieuse », préc.). La réforme opérée par la loi n° 91-647 du 10 juillet 1991 a joué, de ce point de vue, un rôle majeur. Cette loi a institué un nouveau dispositif d'aide à l'accès à la justice, appelée « aide juridictionnelle », et créé un cadre juridique pour *l'aide à l'accès au droit*, qui est une aide à la consultation juridique et à l'assistance s'appliquant aux procédures non juridictionnelles. Par rapport au système antérieur institué vingt ans plus tôt, la loi nouvelle a opéré une extension du domaine de l'aide et un élargissement des conditions permettant d'y accéder. Le résultat ne s'est pas fait attendre.

Deux indications permettent de s'en convaincre. Au lendemain de la loi, entre 1991 et 1995, le nombre des admissions à l'aide juridictionnelle a progressé de 66 %, cette progression ayant été encore plus forte en matière pénale (+ 90 %) qu'en matière civile (+ 55 %). Par ailleurs, entre 1991 et 1997, le montant total des sommes distribuées au titre de l'aide juridictionnelle a augmenté de 191 %. En 2016, le montant total de l'engagement budgétaire au titre de l'aide juridictionnelle sera de 400 millions d'euros, en progression constante depuis des années. Le problème est que le budget de la justice n'est pas extensible, même s'il a franchi la barre symbolique des 8 milliards d'euros en

2016. D'où le souci, officiellement exprimé depuis une vingtaine d'années, de réduire l'encombrement des tribunaux en incitant les justiciables à recourir aux modes alternatifs de règlement des conflits. Encore faut-il qu'ils y aient intérêt. Cette incitation peut prendre la forme, assez classique, d'un assouplissement des conditions juridiques du recours aux procédures amiables. Ainsi participent assurément de cette veine la reconfiguration de l'intervention du conciliateur de justice et la consécration de la médiation judiciaire. Mais cela ne suffit pas toujours.

Il importe donc, en amont, de susciter l'envie de recourir aux modes de règlement alternatifs, chez le justiciable et, surtout, chez l'auxiliaire de justice qui l'assiste, en pratique l'avocat. En raison de la puissante incitation à recourir au juge que constituait le système d'aide juridictionnelle organisé par la loi du 10 juillet 1991, la réponse la plus adaptée consistait à offrir pareille perspective financière en faveur des procédures alternatives. C'est ce qu'a d'abord entendu réaliser le législateur pour les transactions extrajudiciaires, avec la loi n° 98-1163 du 18 décembre 1998 relative à l'accès au droit et à la résolution amiable des conflits. Tel est d'ailleurs désormais le cas dans trente-et-un États du Conseil de l'Europe (Rapport de la CEPEJ, *Systèmes judiciaires européens. Efficacité et qualité de la justice*, 2014, spéc. 6.4, p. 160). Retouchant la loi n° 91-647 du 10 juillet 1991 relative à l'aide juridique, la loi de 1998 permet que l'aide juridictionnelle puisse être accordée « *en vue de parvenir à une transaction avant l'introduction d'une instance* ».

Deux précisions sont apportées sur ce point par le nouvel article 39 de la loi de 1991. *Tout d'abord*, si l'affaire se termine par une transaction, l'avocat grâce au concours duquel elle a été obtenue aura droit, en toute hypothèse, à une rétribution égale à celle qui est due par l'État lorsqu'une instance se termine par un jugement. *Ensuite*, lorsque l'aide a été accordée en vue de parvenir à une transaction avant l'introduction de l'instance et qu'une transaction n'a pu être conclue, deux règles organisent alors l'indemnisation de l'avocat. D'une part, cet avocat a droit à une rétribution partielle dont le versement est subordonné « *à la justification, avant l'expiration du délai de six mois qui suit la décision d'admission, de l'importance et du sérieux des diligences accomplies* », ce qu'attesteront les correspondances échangées, voire les procès-verbaux dressés à l'occasion d'éventuelles réunions de négociation. D'autre part, lorsqu'une instance sera engagée après l'échec des pourparlers transactionnels, la rétribution versée à l'avocat à raison des diligences accomplies durant les pourparlers viendra s'imputer sur celle qui lui sera due au titre de l'instance, ce qui est logique. Le dispositif a ensuite été étendu « *à un accord conclu dans le cadre d'une procédure participative* » (L. n° 91-647, 10 juill. 1991, art. 10, al. 2 et 39 ; compl. Décr. n° 2012-66, 30 janv. 2012 ; Décr. n° 2012-349, 12 mars 2012), puis à la médiation, que ce soit dans le cadre d'une médiation ordonnée par le juge ou lorsque le juge est saisi aux fins d'homologation d'un accord intervenu à l'issue d'une médiation qu'il n'a pas ordonnée (L. n° 91-647, 10 juill. 1991, art. 64-5, réd. L. n° 2015-1785, 29 déc. 2015).

Ce nouveau dispositif est de nature à accroître les recours aux règlements amiables et, par conséquent, à impacter le montant des dépenses payées par l'État au titre de l'aide juridique, lequel est largement compensé par les économies qu'il permet de réaliser en diminuant le recours aux juridictions étatiques. En tout cas, le système de l'aide légale est à bout de souffle ; il attend sa réforme, au-delà des ajustements ponctuels, qui sont autant de rustines dont l'efficacité est limitée. C'est pourquoi le recours au financement par un tiers est de plus en plus prisé ; il est susceptible de compenser les limites du concours de l'État. Le report de l'imputation devient alors conventionnel.

B – Les tiers financeurs

Solvable ou non, la partie en litige peut vouloir mutualiser son risque. Parfois, c'est une nécessité impérative lorsqu'elle ne dispose pas des ressources pour engager une action, que celle-ci fasse l'objet d'une résolution contentieuse ou amiable. Mais parfois, c'est simplement un choix afin de partager les risques avec un tiers. Cette logique a vu l'émergence ces dernières années des tiers financeurs, à savoir des organismes, souvent affiliés à des banques ou à des fonds d'investissement, qui financent une partie ou la totalité de la procédure, en échange d'une participation aux résultats (v. *Rapport sur le financement de procès par les tiers*, Club des juristes, 2014 ; *Guide pratique du financement de l'arbitrage par les tiers*, ICC France, 2014). C'est à une véritable marchandisation de l'action en justice à laquelle on assiste.

L'avantage évident d'un tel mécanisme est qu'une partie impécunieuse pourra ainsi avoir accès à la justice juridictionnelle ou conventionnelle. Mais la médaille a son revers car le tiers ne s'engagera que s'il estime que la prétention de la partie qu'il soutient financièrement offre des chances raisonnables de succès. En d'autres termes, la partie impécunieuse et dont le dossier n'est pas jugé suffisamment rentable risque de voir sa demande rejetée par un tiers financeur.

En outre, il existe des effets secondaires à l'intervention d'un tiers financeur. D'une part, on assiste à un renchérissement du coût des procédures car, pour évaluer les chances de succès d'une prétention, les tiers financeurs ont recours à des experts rémunérés, et ce coût sera répercuté sur la partie financée. D'autre part, l'intervention du tiers financeur n'est pas toujours dévoilée, et il se peut donc qu'existent des conflits d'intérêts ignorés par les tiers (arbitres ou conciliateurs) eux-mêmes. Si, par exemple, l'arbitre est, par ailleurs, un expert régulièrement appointé par le tiers financeur et qu'il agit dans un arbitrage où le tiers financeur est directement et secrètement impliqué, il y a, à l'évidence, un conflit d'intérêts. La solution consiste donc sans doute à exiger que la présence d'un tiers financeur soit systématiquement révélée (voir *Financement de procès par les tiers*, préc., spéc. p. 32 et s. ; *Guide pratique du financement de l'arbitrage par les tiers*, préc., spéc. p. 12 et s.), mais cela engendre alors un autre risque : celui que la répartition finale des coûts soit modifiée car ce n'est pas la même chose de les mettre à la charge d'une partie impécunieuse et d'un tiers financeur.

Malgré ses limites, le mécanisme des tiers financeurs est une pratique qu'il convient d'approuver, même si le régime juridique n'en est pas encore parfaitement établi. Ce qui n'est pas le cas de solutions d'imputation plus ancienne, comme l'assurance.

C – Les mécanismes assurantiels

Le contrat d'assurance offre la possibilité d'opérer une mutualisation du risque judiciaire. Cette mutualisation peut être réalisée de deux manières principales.

Depuis un certain temps déjà, elle était opérée par les *clauses défense-recours* stipulées dans différents contrats d'assurance de responsabilité, notamment en matière automobile. Le financement de l'action était alors et continue d'être l'objet accessoire du contrat dont la fonction principale est de couvrir le risque des dommages subis ou des responsabilités encourues à l'occasion de certaines activités. L'assureur prend en charge les procès auxquels l'assuré pourrait être partie à l'occasion de la mise en œuvre des garanties souscrites à titre principal. Le coût de cette assurance accessoire est inclus dans la prime due par l'assuré en couverture du risque principal garanti.

Avec l'*assurance de protection juridique*, d'accessoire, la garantie du risque judiciaire devient principale pour des primes annuelles généralement comprises entre 40 et 400 €, selon les assureurs et l'étendue du risque couvert. Faisant suite à une directive communautaire, l'article L. 127-1 du Code des assurances définit l'assurance de protection juridique comme « *toute opération consistant, moyennant le paiement d'une prime ou d'une cotisation préalablement convenue, à prendre en charge des frais de procédure ou à fournir des services découlant de la couverture d'assurance, en cas de différend ou de litige opposant l'assuré à un tiers, en vue notamment de défendre ou représenter en demande l'assuré dans une procédure civile, pénale, administrative ou autre contre une réclamation dont il est l'objet ou d'obtenir réparation à l'amiable du dommage subi* ». Sans entrer dans le détail du régime de ces « *assurances contre les procès* », tel qu'il résulte des articles

L 127-2 à L 127-8 du Code des assurances, on se contentera d'observer que l'assurance de protection juridique est extrêmement répandue puisque près de 50 % des Français en disposent, souvent sans même le savoir.

Les modes alternatifs de règlement des litiges bénéficient de ce succès puisque l'assureur de protection juridique a tout intérêt à favoriser ce type de règlement plutôt que de gérer des procédures juridictionnelles. Reste qu'existe toujours le risque d'un désaccord entre l'assuré et l'assureur sur la pertinence d'une action ou l'opportunité d'une transaction. Mais la loi règle la difficulté en prévoyant que les divergences seront soumises à l'appréciation d'une tierce personne désignée d'un commun accord des parties ou, à défaut, par le président du tribunal de grande instance statuant en la forme des référés. Or, d'une part, les frais exposés pour la mise en œuvre de cette faculté sont à la charge de l'assureur, sauf abus de l'assuré ; d'autre part, l'avis de la tierce personne ne s'impose pas à l'assuré qui conserve la possibilité d'engager, à ses frais, une procédure juridictionnelle, ces frais étant finalement pris en charge par l'assureur dans l'hypothèse où la procédure est couronnée de succès (art. L. 127-4 C. assur.). Rappelons également que l'assuré conserve le libre choix de l'avocat qui aura mission de « *défendre, représenter ou servir* » ses intérêts (art. L. 127-3 C. assur.). Il est cependant possible que le contrat d'assurance de protection juridique contienne une clause fixant un plafond de remboursement aux honoraires de l'avocat qui serait choisi sans l'agrément de l'assureur ; cette stipulation n'est pas contraire à la liberté de choix de l'assuré (Civ. 1re, 15 juill. 1999, n° 97-10725), ce qu'il est permis d'admettre, du moins tant que la clause n'est pas abusive, étant par ailleurs précisé que l'existence d'un contrat d'assurance de protection juridique est sans effet sur la détermination des honoraires dus à l'avocat par son client (Civ. 2e, 14 janv. 2016, n° 15-10.130).

Cette réserve mérite d'être notée, d'abord, parce qu'elle est de nature à rassurer ceux qu'inquiète, excessivement, le développement de l'assurance de protection juridique, ensuite, et plus généralement, parce qu'elle souligne que le juge n'est jamais bien loin du contrat : l'économie des MARC est comme une économie domestique, celle d'un ménage à trois formé par le litige, la convention et la juridiction, ce qui n'est peut-être pas pour simplifier le recours à l'analyse économique du droit dont le secours est pourtant nécessaire pour apprécier la validité du recours aux MARC plutôt qu'aux procédures juridictionnelles ordinaires.

Lire aussi

W. Ben Hamida et Th. Clay (dir.), *L'argent dans l'arbitrage*, éditions Lextenso, 2013 ; B. Cerveau, « La protection juridique, un moyen moderne d'accès au droit et à la justice », *Gaz. Pal.* 31 août-1er sept. 2015, 9 ; D. Cohen (dir.), *Droit et économie du procès civil*, LGDJ, 2010 ; N. Chappe, *L'économie de la résolution des litiges*, préf. B. Deffains, Economica, 2005 ; Th. Kirat, *Économie du droit*, La Découverte, coll. « Repères », 2012 ; L. Cadiet (dir.), « De l'économie de la justice », *RIDE* 1999, n° 2 ; L. Cadiet et S. Guinchard (dir), « Économie et Justice », *Justices* 1995, n° 1 ; Th. Clay, « Le marché de l'arbitrage », *in* W. Ben Hamida et Th. Clay (dir.), *L'argent dans l'arbitrage*, préc. ; C. Kessedjian (dir.), *Le financement de contentieux par un tiers. Third party litigation funding*, Éditions Panthéon-Assas, 2012 ; B. Lemennicier, « L'économie de la justice : du monopole d'État à la concurrence privée ? », *Justices* n° 1, 1995, 135 ; Ph. Pierre, *V°* « Risque judiciaire », *in Dictionnaire de la justice*, préc. ; J.-B. Racine, « La marchandisation du règlement des différends : le cas de l'arbitrage », *in* E. Loquin et A. Martin (dir.), *Droit et marchandisation*, Litec, 2010, p. 321.

Conclusion

Quel est l'avenir des modes alternatifs de règlement des conflits ?

Les MARC ne doivent pas être analysés comme la manifestation d'un nouveau paradigme social, caractérisé par un déclin de l'État au profit d'un droit qui se négocierait spontanément au sein de la société civile, directement entre eux par les acteurs sociaux, droit d'en bas se substituant au droit d'en haut, droit de la post-modernité, si l'on peut dire, s'agissant d'un pays, la France, où l'interventionnisme étatique a été le levier le plus puissant de la modernisation politique, économique et sociale.

Certes, les MARC permettent aux parties de se réapproprier la maîtrise de la gestion de leur conflit (*empowerment*) ; certes, les MARC sont utilement de nature à limiter les risques d'un excès de judiciarisation des rapports sociaux, ce que l'on nomme, fantasmatiquement, le gouvernement des juges. Mais cette réappropriation ne saurait être considérée comme un phénomène de privatisation, voire de reféodalisation du règlement des litiges, permettant de faire radicalement l'économie de la justice institutionnelle dispensée par l'État à travers ses juges ou hors ses juges. La contractualisation qu'expriment les MARC doit être conçue comme étant de l'ordre du contrat social avant de prendre forme dans des conventions privées. C'est une affaire de politique publique visant à diversifier les réponses susceptibles d'être proposées aux justiciables par l'État pour le règlement des différends. C'est une offre de pluralisme contentieux, à l'instar du pluralisme juridique dont parlait naguère le doyen Carbonnier à propos des relations familiales : au « *à chaque famille son droit* » d'hier doit aujourd'hui répondre un « *à chaque différend son mode de résolution* ».

Mais si le juge judiciaire n'est plus le seul mode de régulation sociale, si le régulateur, l'arbitre et le conciliateur contribuent également, sinon identiquement, à assurer la paix sociale, à garantir le pacte social, le juge judiciaire demeure le délégataire de cette mission étatique, émanation de l'État dont il ne faudrait pas oublier qu'il est et devrait s'appliquer à être, en toutes circonstances, le tiers impartial par excellence, sur lequel l'arbitre se modèle. Lorsqu'il n'en est pas lui-même l'ordonnateur, il appartient donc au juge de s'assurer, parfois *a priori*, parfois *a posteriori*, de la validité des règlements alternatifs au regard des règles procédurales de leur élaboration comme de la substance même de l'accord réalisé entre les parties, soit sous forme volontaire, avec les modes amiables, soit sous forme imposée avec l'arbitrage. Quant aux médiations extra-juridiques, les médiations sociales, elles n'ont pas davantage pour objet de permettre à l'administration d'échapper à ses missions mais, tout au contraire, de contribuer à recréer de nouvelles solidarités sociales, notamment dans les quartiers en difficulté, en réintroduisant les missions de service public là où l'action administrative s'est sensiblement éloignée. Le juge ne doit plus être perçu comme le premier recours, mais comme le dernier, saisi seulement lorsqu'il n'a pas été possible de régler autrement le conflit : il faut avoir épuisé les voies du dialogue entre soi avant d'aller quérir la tierce parole du juge. C'est un devoir civil et une responsabilité sociale. On pourrait même y voir, avec un brin d'audace, l'émergence d'une écologie de la justice, dès lors que le bilan carbone de la justice amiable, présentée comme une justice durable éteignant le conflit au-delà du litige, est supérieur celui de la justice adjudicative (L. Cadiet, « Construire ensemble une médiation utile », préc.), même si cette dimension n'est certes pas exclue de l'acte de juger, ce que Paul Ricœur, nous l'avons vu, réfère à sa fonction éthique, à sa finalité longue, de rétablir la paix sociale (*Le juste*, Éditions Esprit, 1995, spéc. p. 10).

Les MARC sont ainsi l'occasion de faire apparaître une nouvelle loi des trois États qui renvoie, à l'image de la devise républicaine, à trois figures de l'État (L. Cadiet, « Le spectre de la société contentieuse », préc, spéc. n° 34), complétant les trois figures du juge identifiées par François Ost (« Jupiter, Hercule, Hermès : trois modèles du juge ») : après l'État gendarme et son juge *Jupiter*, assurant la police des libertés, et l'État providence, avec son juge *Hercule*, assurant la promotion de l'égalité, l'État veillant à garantir la fraternité, grâce à son juge *Hermès*, qu'on appellera l'État médiateur ou modérateur. Favoriser le développement des MARC, c'est donc contribuer à retisser du lien social et, lorsque ces modes se développent en liaison avec l'institution judiciaire, c'est promouvoir une justice plus citoyenne, plus participative, parfois même plus juste.

Au moment où les dernières lignes de ce livre sont écrites, le droit français est engagé dans un processus de modernisation vers une justice dite du 21e siècle, dont la loi a déjà été votée en première lecture au Sénat et qu'on annonce pour promulgation au premier semestre 2016. Cette modernisation ne va pas aussi loin qu'il était permis de l'espérer et ne présente pas que des aspects positifs, mais elle devrait renforcer considérablement la part des modes alternatifs de règlement des conflits dans le système de justice. Parmi les évolutions techniques les plus saillantes, se profilent le toilettage des articles du Code civil relatif à l'arbitrage et à la transaction, la simplification du régime juridique de celle-ci, l'extension de la convention de procédure participative, le renforcement de la tentative préalable de conciliation, le développement de la médiation collective dans les actions de groupe. Même les procédures d'exécution n'échappent pas à cette déferlante participative, avec l'institution d'une procédure participative d'exécution (art. L. 111-3 C. pr. civ. exéc.). Surtout, ce sont les fondations d'une véritable politique publique des modes alternatifs de résolution des conflits qui devraient être coulées dans le bronze institutionnel. Non seulement les conciliateurs de justice sont appelés à faire leur entrée dans le Code de l'organisation judiciaire – le symbole n'est pas négligeable – mais, surtout, est envisagée la création d'un *Conseil national de l'accès au droit et à la justice*, qui sera chargé de contribuer à la politique publique en matière de conciliation et de médiation et d'en suivre la mise en œuvre au niveau local, en liaison avec les Conseils départementaux de l'accès au droit dont les missions seront parallèlement étendues afin de les faire participer « *à la mise en œuvre d'une politique locale de résolution amiable des litiges* », y compris dans le cadre d'« *actions communes avec d'autres conseils départementaux de l'accès au droit* ». Ces perspectives ne donnent pas seulement du crédit à la thèse du renforcement de la contractualisation du procès et de la justice ; elles traduisent aussi une évolution considérable du système français de justice. Au modèle étatique traditionnel, centralisé et autoritaire, de la justice française, se substitue progressivement un modèle d'administration concerté et décentralisé. Ce modèle d'administration concertée de la justice est parfaitement en accord avec la conception coopérative du règlement des conflits qui est également la marque de l'évolution contemporaine du droit processuel.

Index alphabétique

D

E

F

G

O

P

Q

R

S

T

U

V

W

Table des matières

Dans la même collection

L'argumentation juridique, S. Goltzberg
La bioéthique, B. Mathieu
Les collectivités territoriales en France, M. Verpeaux
La common law, A. J. Bullier
Le Conseil constitutionnel, H. Roussillon, P. Esplugas
Le Conseil d'État, D. Latournerie
La Constitution, M. Verpeaux
Le contentieux administratif, J. Viguier
Le contrat. Droit des obligations, J.-L. Aubert, F. Collart Dutilleul
Le contrat de vente, P. le Tourneau
La Cour de cassation, Y. Chartier
La Cour européenne des droits de l'homme, J.-P. Marguénaud
La Cour de justice des Communautés européennes, J. Boudant
Les cours constitutionnelles, L. Favoreu, W. Mastor
La déontologie de l'avocat, J.-J. Taisne
La déontologie du magistrat, J. Joly-Hurard
Le divorce, P. Courbe
Le droit, P. Jestaz
Le droit administratif, P. Delvolvé
Le droit allemand, C. Witz
Le droit américain, A. A. Levasseur
Le droit des brevets, M. Vivant
Le droit chinois, C. Lopez, F. Constant
Le droit commercial, P. Didier
Le droit des cultes, J. Volff
Le droit des étrangers, X. Vandendriessche
Le droit européen des affaires, L. Vogel, J. Vogel
Le droit international public, L.-A. Aledo
Le droit des marchés publics, F. Linditch
Le droit des médias, E. Derieux
Le droit musulman, F.-P. Blanc
Le droit des outre-mers, J.-P. Thiellay
Le droit pénal, M.-L. Rassat
Le droit des personnes, T. Garé
Le droit russe, B. Dutoit

Le droit du sport, J.-P. Karaquillo
Le droit talmudique, F.-X. Licari
Le droit du travail, P.-Y. Verkindt
Droit de l'Union européenne, P.-Y. Monjal
Les droits de l'enfant, F. Laroche-Gisserot
Les droits de l'homme, P. Wachsmann
L'État, J. Chevallier
Les finances publiques, M. Lascombe, X. Vandendriessche
La fonction publique, J.-F. Lachaume
Histoire du droit, J. Bart
L'indivision, F.-X. Testu
Introduction au droit fiscal, P. Serlooten
Introduction à la gestion, M. de Fabrègues
La laïcité, C. Durand-Prinborgne
La loi, B. Mathieu
Philosophie du droit, B. Frydman, G. Haarscher
Le président de la République, M.-A. Cohendet
Les principes de la responsabilité civile, P. Jourdain
La prison, J.-P. Céré
Le procès civil, H. Croze
Propriété littéraire et artistique, A. Lucas
La question prioritaire de constitutionnalité, C. Maugüé, J.-H. Stahl
Les régimes matrimoniaux, D. Martin
La région, M. Verpeaux
La responsabilité du médecin, J. Penneau
Le service public, P. Esplugas
Les sources du droit, P. Jestaz
Le système politique des relations internationales, M. Gounelle
Théorie générale du droit, E. Millard
La victimologie, G. Lopez

707996 - (I) - OSB A 60 g - JOU - HCH
Dépôt légal : avril 2016 - N° 201603.0317
Imprimé en France par Chirat